本书系 2019 年山东省研究生教育教学改革研究项目："儒学"方向研究生必修课课程教学改革研究——以曲阜师范大学非历史学专业增设"儒学"方向研究生培养为例（项目编号：SDYJG19176）的阶段性成果。

《论语》的哲学诠释研究

毕景嫒　著

中国商业出版社

图书在版编目（CIP）数据

《论语》的哲学诠释研究/毕景媛著.--北京：中国商业出版社，2021.1

ISBN 978-7-5208-1548-2

Ⅰ.①论… Ⅱ.①毕… Ⅲ.①儒家②《论语》—研究 Ⅳ.① B222.25

中国版本图书馆 CIP 数据核字 (2020) 第 260252 号

责任编辑：管明林

中国商业出版社出版发行
010-63180647　www.c-cbook.com
（100053 北京广安门内报国寺 1 号）
新华书店经销
北京虎彩文化传播有限公司 印刷
*
710 毫米 ×1000 毫米　16 开　11.25 印张　141 千字
2021 年 1 月第 1 版　2021 年 1 月第 1 次印刷
定价：49.00 元
****
（如有印装质量问题可更换）

前 言

经学是儒学发展的基本载体,是中国儒学发展的特殊形式。在经典诠释的过程中,难免会出现两种定向——面向文本、历史的定向与面向当下、现实的定向。尽管一部诠释作品必然同时涉及两种定向和两种要求,然某一部特定的诠释作品或某一历史时期的诠释作品,常常是或偏于面向历史、文本,或偏于面向当下、现实的。就经典诠释或偏于面向历史、文本,或偏于面向当下、现实而言,又会使经典诠释呈现出"经学诠释"和"哲学诠释"的两种不同形态。其中,哲学诠释的最大特点就是偏重面向当下、现实的定向和要求,注重以经典文本("六经")的思想话语作为诠释者建构某种新的哲学观念和方法的材料和依据。因此,所谓《论语》的哲学诠释并非是指对《论语》中所包含的哲学思想进行的考察和研究,而是指诠释者在某种特定的时代"先见"和观念"先见"下对《论语》文本进行的创造性理解。就诠释主体"先在"的哲学观念和方法而言,最重要的无疑是其本体论的观念和方法,由此,诠释主体在其"先在"的本体论观念和方法下对《论语》文本做出的创造性理解,又构成了《论语》诠释的本体诠释意蕴的重要体现。

在哲学诠释的视野和维度下,在整个的《论语》诠释史中,玄学儒学、理学(广义)儒学、现代新儒学、当代儒学思潮下的《论语》诠释比较明显地反映了哲学诠释的特点,或者说,玄学儒学、理学(广义)儒学、现代新儒学、当代儒学思潮下的《论语》诠释是《论语》哲学诠释的重要典范。玄学、理学、现代新儒学、当代儒学等思潮下的《论语》诠释,不同于汉唐经学思潮下对《论语》的经学诠释(狭义)者在于,它们是王弼、郭象、朱熹、王阳明、钱穆、梁漱溟、李泽厚、黄玉顺等带着玄学、理学(心学)、现代新儒学、当代儒学的时代"先见"和观念"先见",对《论语》文本做出的创造性理解。主要体现的是以《论语》文本的思想话语，来"注解"和"发明"其玄学、理学（心学）、现代新儒学、当代儒学的观念和方法的"六经注我"的哲学化诠释特点。需要预先说明的是，何以以王弼、郭象、朱熹、王阳明、钱穆、梁漱溟、李泽厚、黄玉顺等为主要代表，来说明玄学、理学（心学）、现代新儒学、当代儒学视域下的《论语》诠释的"六经注我"的哲学化诠释特点，这是我们必须要充分说明的。对此，我们在文中会有详细说明，这里姑且不做深入论述。

当然，就形上本体论在诠释者哲学观念和方法体系中的奠基性的意义而言，玄学儒学、理学（广义）儒学、现代新儒学、当代儒学思潮下的《论语》诠释这种哲学诠释方式中，还有本体诠释的一个重要环节。因此，对于王弼、郭象为主要代表的玄学视域下的《论语》诠释，我们注意到了王弼"无"本体、郭象"性"本体的观念和方法在其《论语》诠释中的表现和运用；对于朱熹、王阳明为主要代表的理学（广义）视域下的《论语》诠释，我们则注意到了朱熹"理"本体、王阳明"心"（良知）本体的观念和方法在其《论语》诠释中的表现和运用；而对于钱穆、梁漱溟为主要代表的现代新儒学视域下的《论语》诠释，我们则注意到了钱穆"心"本体、梁漱溟"生活"本体在其《论语》诠释中的表现和运用；同样，对于李泽厚和黄玉顺为主要代表的当代儒学视域下的《论语》诠释，我们也注意到了李泽厚"情"本体、黄玉顺"生活—情感"本体的观念和方法在其《论语》诠释中的表现和运用。这里，需要特别注意的是，李泽厚的"情"本体、黄玉顺的"生活—情感"本体之所谓本体并非传统的"形上—形下"的二元论观念下的本体论的概念。他们所谓的"本体"只是就"情"本体和"生活—情感"本体在其"情本体儒学"和"生活儒学"的哲学体系中的奠基性意义而言。

以上我们以魏晋玄学、宋明理学、现代新儒学、当代儒学视域下的《论语》诠释为例，简要说明了《论语》哲学诠释的精神特质和历史发展的问题。正如上面论及的，《论语》的哲学诠释侧重于在《论语》诠释中注入诠释者自身的时代感受和问题意识，以《论语》中的思想话语来回应诠释者的时代关切，从而实现儒家义理精神的创新，进而拓展和深化《论语》文本的意义空间。可惜的是，这种对《论语》的哲学化诠释，如果在面向历史、文本的定向和要求，以及"文献的、历史的、客观性的标准"下来看，所谓对《论语》文本意义空间的拓展和深化，所谓实现儒家义理的创新，往往也可能只是对《论语》中的思想话语的曲解和比附。由此来看，我们就不免会有这样的困惑：今天来谈经学重建与儒学创新是该采取朱熹等人所倾向的那种"创造性"诠释经典的哲学诠释（"义解"）方式，发明义理，多所创新呢，还是要严守汉儒那种经学诠释（"训解"）的方式，尊重经典原义，避免曲解附会呢？

对此，通过对魏晋玄学、宋明理学、现代新儒学、当代儒学思潮下的《论语》哲学诠释那种偏重当下现实定向的经典诠释方式之得失的辩证审视，我们提出，当代经典诠释要摆脱或偏于历史文本、或偏于当下现实的疏失，关键在于实现两种定向、三种路径（文史哲）的兼顾。但同时我们也强调，当代儒学发展已经进入了儒学重构和儒学创新的时代，可以说，这个时代充满着对孔子、儒学回归的期许，也渴望着儒学的重建和创新，在这种时代语境下，我们断不能以注疏式的经典诠释为限，而应该在我们当代人的时代感受和问题意识下大胆地对儒家经典做出创造性的理解和诠释，从而推动实现儒学的当代转化和创新，构建合乎当代经济社会发展要求的当代儒学新范式。诚然，如果就实现儒学的重建和创新而言，魏晋玄学、宋明理学、现代新儒学、当代儒学思潮下的《论语》诠释已经为我们提供了成功的范例。因此，我们对《论语》哲学诠释进行的专门研究，所期许者就是能为当代新经学、当代儒学的构建提供些许积极有益的历史启示。

目 录

绪 论 ………………………………………………………………………1

第一章 面向当下现实的诠释定向与《论语》的哲学诠释………1

 第一节 经典诠释的"两种定向"与两种形态………………………1

  一、经典诠释的"两种定向"………………………………………2

  二、经典诠释的"两种形态"………………………………………7

 第二节 "哲学诠释"界说……………………………………………8

  一、"哲学诠释"的内涵和特点……………………………………8

  二、"哲学诠释"中的"本体诠释"………………………………10

 第三节《论语》的哲学诠释和本体诠释……………………………12

  一、《论语》的哲学诠释……………………………………………12

  二、《论语》哲学诠释中的本体诠释………………………………14

第二章 魏晋玄学视域下的《论语》诠释——以王弼、郭象为例………16

 第一节 王弼的玄学《论语》诠释及其本体诠释意蕴………………21

  一、调和儒道——王弼《论语》诠释的魏晋"先见"……………22

  二、举本统末——王弼《论语》诠释确立的基本观念和方法……24

  三、以"无"释"道"——王弼《论语》诠释的本体诠释意蕴……26

 第二节 郭象的玄学《论语》诠释及其本体诠释意蕴………………30

  一、儒道为一——郭象《论语》诠释的魏晋"先见"……………30

  二、自生独化——郭象《论语》诠释表现和运用的基本观念和方法……32

  三、以"性"言"德"——郭象《论语》诠释的本体诠释意蕴……36

第三章 宋明理学视域下的《论语》诠释——以朱熹、王阳明为例…40

 第一节 朱熹的理学《论语》诠释及其本体诠释意蕴………………44

一、"性命天道"的追问——朱熹《论语》诠释的宋代"先见"……44
　　二、本体·心性·工夫——朱熹理学观念"先见"下的《论语》诠释…49
　　三、以"理"（性）释"仁"——朱熹《论语》诠释的本体诠释意蕴…58

　第二节 王阳明的心学《论语》诠释及其本体诠释意蕴……64
　　一、扬弃朱学——王阳明《论语》诠释的明代"先见"……64
　　二、心理为一——王阳明心学观念"先见"下的《论语》诠释…69
　　三、天理良知——王阳明《论语》诠释的本体诠释意蕴……81

第四章 现代新儒学视域下的《论语》诠释——以钱穆、梁漱溟为例…85

　第一节 钱穆现代新儒学观念下的《论语》诠释……89
　　一、"人人可读《论语》"——钱穆《论语》诠释的现代"先见"……89
　　二、天理到人心——钱穆"心·学·道"观念"先见"下的《论语》诠释…94

　第二节 梁漱溟生活儒学观念下的《论语》诠释及其本体诠释意蕴……104
　　一、重建儒学——梁漱溟《论语》诠释的现代"先见"……105
　　二、回到生活——梁漱溟"生活"观念"先见"下的《论语》诠释……107
　　三、"直觉"（情感）释"仁"——梁漱溟《论语》诠释的本体诠释意蕴…112

第五章 当代儒学视域下《论语》诠释——以李泽厚、黄玉顺为例……121

　第一节 李泽厚"情"本体儒学的《论语》诠释及其本体诠释意蕴……125
　　一、回归原典，重建儒学——李泽厚《论语》诠释的当代"先见"……125
　　二、情理交融——李泽厚"情"本体儒学观念"先见"下的《论语》诠释…128
　　三、以"情"释"仁"——李泽厚《论语》诠释的本体诠释意蕴……139

　第二节 黄玉顺"生活儒学"的《论语》诠释及其本体诠释意蕴……143
　　一、"复归生活，重建儒学"——黄玉顺《论语》诠释的当代"先见"……143
　　二、生活本源——黄玉顺三个观念层级思想"先见"下的《论语》诠释……146
　　三、以生活情感释"仁"（直）——黄玉顺《论语》诠释的本体诠释意蕴…152

结　语……157

参 考 文 献……163

绪 论

一、选题依据

《论语》是反映儒家创始人孔子儒学思想最为重要的经典文本，千百年来，历代思想家对《论语》的诠释和注解构成了一部蔚为壮观的"论语学"发展史。可以说，一部"论语学"史在很大程度上就是一部浓缩的中国儒学发展史。在哲学诠释的视野和维度下，在整个的《论语》诠释史中，玄学儒学、理学（广义）儒学、现代新儒学、当代儒学思潮下的《论语》诠释比较明显地反映了哲学诠释[①]的特点，或者说，玄学儒学、理学（广义）儒学、现代新儒学、当代儒学思潮下的《论语》诠释是《论语》哲学诠释的重要典范。玄学、理学、现代新儒学、当代儒学等思潮下的《论语》诠释，不同于汉唐经学思潮下对《论语》的经学诠释（狭义）者在于，它们是王弼、郭象、朱熹、王阳明、钱穆、梁漱溟、李泽厚、黄玉顺等带着玄学、理学（心学）、现代新儒学、当代儒学的时代"先见"和观念"先见"对《论语》文本做出的创造性理解。这主要体现的是以《论语》文本的思想话语来"注解"和"发明"其玄学、理学（心学）、现代新儒学、当代儒学的观念和方法的"六经注我"的诠释特点。

当代儒学发展已经进入了儒学重构和儒学创新的时代，可以说，这个时代充

[①] 关于经典诠释的"哲学诠释"，这里有必要先作说明。在经典诠释的过程中，难免会出现两种定向——面向文本、历史的定向与面向当下、现实的定向（刘笑敢）。尽管一部诠释作品必然同时涉及两种定向和两种要求，然某一部特定的诠释作品或某一历史时期的诠释作品，常常是或偏于面向历史、文本，或偏于面向当下、现实的。就经典诠释或偏面向历史、文本，或偏于面向当下、现实而言，又会使经典诠释呈现出"经学诠释"和"哲学诠释"的两种不同形态。其中，哲学诠释的最大特点就是偏重面向当下、现实的定向和要求，注重以经典文本（"六经"）的思想话语作为诠释者建构某种新的哲学观念和方法的材料和依据。

满着对孔子、儒学回归的期许，也渴望着儒学的重建和创新。在这种时代语境下，我们断不能以注疏式的经典诠释为限，而应该在我们当代人的时代感受和问题意识下大胆地对儒家经典做出创造性的理解和诠释，从而推动实现儒学的当代转化和创新，构建合乎当代经济社会发展要求的当代儒学新范式。诚然，就实现儒学的重建和创新而言，魏晋玄学、宋明理学、现代新儒学、当代儒学思潮下的《论语》诠释已经为我们提供了成功的范例，因此，我们对《论语》哲学诠释进行的专门研究，就是力图以"论语学"发展史为基本线索，展现"六经注我"式的哲学化诠释方式之于儒学发展和创新的重要意义，以期能为当代新经学、当代儒学的构建提供些许有益的历史启示。

二、选题意义

（一）理论意义

一部中国儒学史就是儒学这一精神文明传统不断发展和创新的历史，而儒学的发展和创新又主要通过历代儒者创造性地诠释儒家经典而实现。在经典诠释的"哲学诠释"视野下，我们主要以玄学儒学、宋明理学、现代新儒学、当代儒学思潮下的《论语》诠释为例，试图展现和说明玄学儒学、宋明理学、现代新儒学、当代儒学建构和创新的过程。通过对《论语》哲学化诠释的系统研究，有利于廓清中国儒学发展演进的大致脉络，有利于把握"论语学"发展过程中不断实现的理论创新成果，深入了解"六经注我"的哲学化诠释之于儒学义理创新和范式转换的重要意义。

（二）实践意义

当代儒学发展已经进入了儒学重建和儒学创新的重要阶段。我们在经典诠释的"哲学诠释"视野下对"论语学"的系统研究，其主要目的在于通过对《论语》的哲学诠释之于玄学儒学、宋明理学、现代新儒学、当代儒学等儒学新范式的建构和创新的重要意义的分析和解读，能够为当代经典诠释学的发展提供有益借鉴，从而在一定程度上推动当代儒学的重建和创新，以期为当代精神文明建设贡献绵薄之力。

三、研究现状

第一，对"论语学"史的通史性、整体性研究。

唐明贵《论语学史》（中国社会科学出版社，2009年）《〈论语〉学的形成、发展与中衰》（中国社会科学出版社，2005年）两书，对整个"论语学"史进行了系统的研究，勾勒出了中国"论语学"形成、发展和演变的基本线索，为开展本研究奠定了坚实的基础。

第二，对"论语学"史的断代及个案研究。

宋钢的《六朝论语学研究》（南京师范大学博士学位论文，2005年），对保留至今的或完整或残缺的六朝时期几个论语学代表成果《论语集解》《论语释疑》《论语体略》《论语义疏》进行了纵贯式研究，归纳和总结了论语学在第一个收获期的主要特点、重大成就及其在中国古代学术史特别是从"汉学"到"宋学"转变过程中的重要作用。闫春新的《魏晋南北朝"论语学"研究》（中国社会科学出版社，2012年）一书是通过全面梳理汉唐间的《论语》著作，将其划分为汉代传统经学、魏晋儒学、魏晋玄学和东晋南朝经学四大流派，置于时代思潮中进行比较研究，分析了这四大流派学术思想及其《论语》诠释方式，指出了经学"训解"与玄、佛"义解"异同。通过《论语》个案剖析，得以窥见这一时期汉代经学、魏晋儒学与魏晋玄学、东晋南朝经学之间的并行、承袭、冲突、扬弃关系，揭示了儒家经典注释中存在的多元化现象和《论语》诠释方式的分合大势，并力图从社会政治层面，解释其中的历史底蕴。此外，学界还有许多专门对何晏、王弼、郭象、皇侃等《论语》诠释进行研究的成果，兹不再一一列举。

刘笑敢的《从注释到创构：两种定向两个标准——以朱熹〈论语集注〉为例》（《南京大学学报》哲学·人文科学·社会科学版，2007年第2期）一文，通过对朱熹《论语集注》诠释特点的分析研究指出，在经典诠释活动中存在着两种定向的紧张和冲突。两种定向的简单表述即是面向文本与历史的客观性定向和面向当下和现实的主观性定向。朱熹在处理两种定向之间的紧张性以及注释之形式与体系之建构之间的矛盾方面的成就最为突出。周元侠的《朱熹的〈论语集注〉研究：兼论〈论语集注〉的解释学意义》（中国社会科学出版社，2012年）对《论语集注》这种经学传承和理学创新进行了深入剖析，并针对《论语集注》由"注"转为"经"的超越时代的现象给予解释学分析。对当下热衷于解读古代经典并致力于发展成为新经典的解释者具有一定的启发意义。

李春强的《明代〈论语〉诠释研究》（扬州大学博士学位论文，2014年），重点分析研究了明儒以《论语》或《论语》篇目命名的《论语》诠释著作，构建出了一个新的关于明代《论语》诠释著作及其诠释者的丰富的意义世界。

王阳明对《孟子》《大学》《中庸》的诠释历来为学界所重视，但他对《论语》的诠释却未得到足够的关注。日本学者安井小太郎的《王陽明と論語》（上）、《王陽明と論語》（下）（《東亜研究》第五卷第十二号、第六卷第一号，大正四年十二月二十日、大正五年一月二十日）《傳習録と論語》；木村秀吉编纂《陽明學研究》（东京，渡边翁追悼阳明学研究刊行会，昭和十三年七月二十日，第 211—220 页）；三岛复的《王陽明の論語解》，（《斯文》第四编第五号《孔夫子追远纪念号》，大正十一年十月一）将阳明论著中的《论语》引语及释语摘引出来，并与《论语》原文加以对照，以揭示两者之间的异同。台湾学者吴伯曜《王阳明四书学研究》（高雄师范大学国文学系博士学位论文，2007年）从心学的角度对其关于《论语》思想的诠释进行了研究。孙宝山的《王阳明的〈论语〉诠释》（《孔子研究》，2014年第1期）从经典诠释学的角度对阳明的《论语》诠释，指出王阳明在诠释的方法及内容上确立了以心解经的新典范，打破了朱子对《论语》乃至《四书》诠释的学术垄断，对明代中后期乃至清代初期的儒学经典诠释产生了广泛而深远的影响。牛冠恒的《王阳明〈论语〉学研究》（中共中央党校博士学位论文，2015年），对王阳明的《论语》诠释问题进行了系统性的分析和研究。

柳宏的《清代〈论语〉诠释史论》（社会科学文献出版社，2005年）一书，勾勒出了清代《论语》诠释史发展的大致线索，对清末《论语》学相关问题进行了专门研究。

刘斌的《民国〈论语〉学研究》（山东大学博士学位论文，2008年），对民国《论语》学的发展演变做了专题式的研究。此外，杨华东《钱穆〈论语新解〉研究》（西南民族大学硕士学位论文，2012年）以钱先生的《论语新解》为研究重点，从他的义理、考据、辞章三个方面入手，对该书做深入系统之研究，分析了《论语新解》的注释特色和不足之处、以及该书在论语学史上的地位。

宋红宝的《新时期国人经典观念的转变与释读方法的多元化——以〈论语〉释读为例》（曲阜师范大学硕士学位论文，2010年）一文，通过考察近代以来，特别是近30年来（新时期）国人经典观念的转变及《论语》释读方法的多元化等问题，分析了"论语学"在新时期发展的一些特点与规律。徐庆文先生的《从注释性经学到观念性哲学——20世纪论语诠释特点及其哲学走向》（《齐鲁学刊》，2015年第1期）认为《论语》诠释不应纠缠于恢复经学传统诠释，而是将在学科分治下形成的文学层面、史学层面、哲学层面视为逻辑递进式关系，进一步推进《论语》诠释的现代发展。李健胜的《论语与现代中国》（人民出版社，2012年）通过分析现当代不同学派、不同学者对《论语》的文本定位与思想阐释，认为在"现代性"语境下阐释经典文本首先应当充分考虑阐释者自身的政治立场对阐释活动的作用、意义及其影响。

孙福万的《〈论语今读〉与中国人的主体性问题》（《江苏广播电视大学学报》，2002年第5期）一文，以《论语今读》作为文本依据，对李泽厚在主体性问题上的理论嬗变做了分析。李健胜的《李泽厚对〈论语〉的文本定位与思想阐释——以〈论语今读〉为中心》（《西北师大学报》，2001年第6期）一文指出"六经注我"是《论语今读》的主要注释特点，李泽厚的用意并不在于着力阐释《论语》原典，而是试图以《论语》为借镜来进一步阐发"实用理性""情感本体""乐感文化"等主张。

第三，"哲学诠释"视野下对"论语学"的研究。

景海峰的《儒家思想现代诠释的哲学化路径及其意义》(《中国社会科学》，2005年第6期)《经学与哲学：儒学诠释的两种形态》(《哲学动态》，2014年第4期)等文章，观察到了儒家经典诠释中经学诠释和哲学诠释的分野的问题，他提出"作为经学的儒学"和"作为哲学的儒学"是儒家诠释的两种基本形态。

就《论语》的哲学诠释而言，闫春新的《魏晋南北朝"论语学"研究》(中国社会科学出版社，2012年)；刘笑敢的《从注释到创构：两种定向两个标准——以朱熹〈论语集注〉为例》(《南京大学学报》哲学·人文科学·社会科学版，2007年第2期)；孙宝山的《王阳明的〈论语〉诠释》(《孔子研究》，2014年第1期)；牛冠恒的《王阳明〈论语〉学研究》(中共中央党校博士学位论文，2015年)；刘斌的《民国〈论语〉学研究》(山东大学博士学位论文，2008年)；杨华东的《钱穆〈论语新解〉研究》(西南民族大学硕士学位论文，2012年)；宋红宝的《新时期国人经典观念的转变与释读方法的多元化——以〈论语〉释读为例》(曲阜师范大学硕士学位论文，2010年)；徐庆文先生的《从注释性经学到观念性哲学——20世纪论语诠释特点及其哲学走向》(《齐鲁学刊》，2015年第1期)；李健胜的《论语与现代中国》(人民出版社，2012年)；李健胜的《李泽厚对〈论语〉的文本定位与思想阐释——以〈论语今读〉为中心》(《西北师大学报》，2001年第6期)等研究成果中，都涉及对《论语》哲学诠释内容的分析和说明，提及了王弼、郭象、朱熹、阳明、钱穆、李泽厚等人《论语》诠释的哲学诠释特色。

就上述内容来看，目前学术界有关"论语学"的研究成果极为丰富，而对《论语》哲学化诠释的研究成果尚没有成体系的作品问世。上述研究成果既为本课题的研究奠定了重要的基础，同时在《论语》哲学诠释研究方面，尤其是在《论语》哲学诠释的系统性、整体性及其学术价值和重要意义等研究方面的不足，又凸显出了开展此研究课题的必要。

四、研究目标

本选题研究的中心问题是"《论语》的哲学诠释",为此,我们的主要研究目标就是以玄学儒学、宋明理学、现代新儒学、当代儒学思潮下的《论语》诠释为例,追寻和确认《论语》哲学诠释的重要典范,分析和论述其主要特点和具体表现,进而突出展现和说明这种《论语》的哲学化诠释之于玄学儒学、宋明理学、现代新儒学、当代儒学等儒学新范式建构和创新的重要意义。具体来说,本研究的主要研究目标表现在以下几个重要方面:

第一,从经典诠释的"两个定向"的问题,分析和引申出经典诠释两种形态——经学诠释(狭义)和哲学诠释的区分,并明确定位和说明经学诠释和哲学诠释,尤其是哲学诠释的主要特点和表现。

第二,以玄学儒学、宋明理学、现代新儒学、当代儒学思潮下的《论语》诠释为例,说明它们如何展现和反映了经典诠释"六经注我"的哲学化诠释的特点。

第三,着重分析和说明王弼、郭象、朱熹、王阳明、钱穆、梁漱溟、李泽厚、黄玉顺等如何通过对《论语》文本的创造性诠释和解读,实现了玄学儒学、宋明理学、现代新儒学、当代儒学思想观念的建构和创新。

第四,通过对《论语》哲学诠释之得与失的辩证审视,充分论证当代经典诠释应该力图做到两种诠释定向、两种诠释形态兼顾,然同时也要充分注意到那种"六经注我"的哲学化诠释之于当代新经学、当代新儒学的建构和发展的特别意义。

五、主要创新

第一,选题新。"论语学"是儒学研究领域的热门话题,以《论语》《论语》诠释等作为研究对象的著述数不胜数,然在一种"哲学诠释"的视域下对"论语学"史的系统梳理和研究却还没有相关的著述、课题。我们在"哲学诠释"的视域下,对玄学儒学、宋明理学、现代新儒学、当代儒学思潮下的《论语》诠释的系统研究,具有一定的原创意义。

第二,研究方法新。本研究以哲学、历史学、经学、文献学、诠释学等多学科的理论和方法作为基础，综合运用了文献资料法、系统分析法、逻辑归纳法、专家访谈法、交叉研究法等多种研究方法。

第三，部分观点新。本选题立足于对《论语》哲学诠释的主要典范及其基本特点和学术意义的分析，提出了如下一些主要创新观点：（1）一部诠释作品必然同时涉及两种定向和两种要求，然某一部特定的诠释作品或某一历史时期的诠释作品，常常是或偏于面向历史、文本，或偏于面向当下、现实。就经典诠释或偏于面向历史、文本，或偏于面向当下、现实而言，又会使经典诠释呈现出"经学诠释"和"哲学诠释"的两种不同形态。（2）哲学诠释的最大特点就是以"我"为主，即偏重面向当下、现实的定向和要求，注重以经典文本（"六经"）的思想话语作为诠释者（"我"）建构某种新的哲学观念和方法的材料和依据。（3）就"论语学"的发展史而言，玄学儒学、宋明理学、现代新儒学、当代儒学思潮下的《论语》诠释是《论语》"六经注我"的哲学化诠释的主要学术典范。（4）玄学儒学、宋明理学、现代新儒学、当代儒学思潮下的《论语》诠释，是王弼、郭象、朱熹、王阳明、钱穆、梁漱溟、李泽厚、黄玉顺等带着魏晋、宋明、现代和当代的时代"先见"和玄学、理学、现代新儒学、当代儒学的观念"先见"对《论语》文本做出的创造性理解。（5）当代经典诠释要摆脱或偏于历史、文本，或偏于当下、现实的疏失，关键在于实现两种定向、三种路径（文、史、哲）的兼顾，然同时也要充分注意到那种"六经注我"的哲学化诠释之于当代新经学、当代新儒学建构和发展的特别意义。

第一章
面向当下现实的诠释定向与《论语》的哲学诠释

经学是儒学发展的基本载体，是中国儒学发展的特殊形式。在经典诠释的过程中，难免会出现两种定向——面向文本、历史的定向与面向当下、现实的定向。一部诠释作品必然同时涉及两种定向和两种要求，然某一部特定的诠释作品或某一历史时期的诠释作品，常常是或偏于面向历史、文本，或偏于面向当下、现实的。就经典诠释或偏于面向历史、文本，或偏于面向当下、现实而言，又会使经典诠释呈现出"经学诠释"和"哲学诠释"的两种不同形态。其中，哲学诠释的最大特点就是偏重面向当下、现实的定向和要求，注重以经典文本（"六经"）的思想话语作为诠释者建构某种新的哲学观念和方法的材料和依据。因此，所谓《论语》的哲学诠释并非是指对《论语》中所包含的哲学思想进行的考察和研究，而是指诠释者在某种特定的时代"先见"和观念"先见"下对《论语》文本进行的创造性理解。就诠释主体"先在"的哲学观念和方法而言，最重要的无疑是其本体论的观念和方法，由此，诠释主体在其"先在"的本体论观念和方法下对《论语》文本做出的创造性理解，又构成了《论语》诠释的本体诠释意蕴的重要体现。

第一节 经典诠释的"两种定向"与"两种形态"

经学是儒学发展的基本载体，是中国儒学发展的特殊形式。在经典诠释的过程中，难免会出现两种定向——面向文本、历史的定向与面向当下、现实的定向。

一部诠释作品必然同时涉及两种定向和两种要求,然而,也需要指出的是,某一部特定的诠释作品或某一历史时期的诠释作品,常常是或偏于面向历史、文本,或偏于面向当下、现实的。就经典诠释或偏于面向历史、文本,或偏于面向当下、现实而言,又会使经典诠释呈现出"经学诠释"和"哲学诠释"的两种不同形态。

一、经典诠释的"两种定向"

经学是儒学发展的基本载体,是中国儒学发展的特殊形式。历代儒者对儒学的发展与创新无不是通过创造性诠释经典来实现的。这种通过注经而实现儒学发展的方式必然面临经典文本的历史性与思想创新的时代性之间的矛盾紧张关系。故而,在诠释活动中,就会出现两种定向:面向"文本、历史的定向"与"面向当下、现实的定向"。"两种定向"是刘笑敢先生提出的诠释学理论。他认为,"从诠释者的心理活动来说,在经典诠释活动中必然存在着两种定向的紧张和冲突,"[①]只要我们采用经典诠释的学术形式,就必然要涉及两种定向的问题;而且,越是有思想创新的学者,就越会感觉到"挣扎游走于两种定向之间"的艰难[②]。为说明经典诠释中确实存在着两种定向的问题,刘笑敢先生还提出了"庄子注郭象"和"郭象注庄子""六经注我"和"我注六经"的区分。他认为,"认识的这两种趋势或方向是实际存在的,不论我们是否提出两种定向的概念都不会改变这种事实。这是两种定向之说的客观的外在的根据。一千多年来关于'庄子注郭象'还是'郭象注庄子'以及'六经注我'还是'我注六经'的讨论和分辨反映的就是这种情况在经典注释和诠释活动中的表现。"[③]在刘笑敢看来,一部诠释作品必然是两种诠释定向不断互动作用的思想产物。他说:"两种定向在同一个理解、诠释、应用的过程中相互推移、纠结,其诠释作品就成了两种定向之间冲突、融合与妥协的结果,是内在的两种定向外化凝固的结果。一部诠释作品就是

---

① 刘笑敢:《从注释到创构:两种定向、两个标准——以朱熹〈论语集注〉为例》,《南京大学学报》(哲学·人文科学·社会科学)2007年第2期,第90页。
② 刘笑敢:《挣扎游走于两种定向之间》,《中国哲学文化》第3辑,桂林:广西师范大学出版社,2008年版。
③ 刘笑敢:《诠释与定向——中国哲学研究方法之探索》,北京:商务印书馆,2009年版。

两种内在定向相互作用而产生的思想'化石'。"①

也就是说，在经典诠释的过程中，总会涉及面向文本、历史和面向当下、现实的两种定向。我们常见的"我注六经"和"六经注我"的说法，其实就比较简单明了地说明了两种定向的问题。所谓"我注六经"，其实就是指以"六经"（经典文本）为本，以"六经"为主体，体现的是面向文本、历史的定向和要求；所谓"六经注我"，其实就是指以"我"（诠释者）为本，以"我"为主体，体现的是面向当下、现实的定向和要求。这两种诠释定向和要求统一于一部诠释作品之中。尽管某些诠释作品，或者说某一特定时期的诠释作品，总会或偏于"我注六经"的面向文本、历史的定向，或偏于"六经注我"的面向当下、现实的定向，但从严格意义上来说，这并不能改变两种诠释定向在一部诠释作品中共存、互动的基本事实。

也就是说，"两种定向"之说虽是刘笑敢先生的创获，然它并非是其主观臆断的理论产物。事实上，"两种定向"之说是符合经典诠释的客观事实的。对此，其实很多学者也都有明确的认识和表达，只是不称其为"两种定向"罢了。比如，陈昭瑛就提出，在经典诠释过程中一定会涉及这样的两种取向：一方面是"把研究对象当作具有历史性，亦即有其时代局限性的对象，不以研究者所处之时代的种种标准来衡断研究对象……尊重各个时代的独特性"；另一方面是"把研究对象当作活生生的可以与之对话交谈的对象，以今人之观点重新建构古典之现代版本，赋古典以新义"。② 同样，黄俊杰、李明辉、郭晓东、冯达文、杨儒宾、朱汉民等学者也都提出了类似的看法。具体内容可参见下表。

---

① 刘笑敢：《诠释与定向——中国哲学研究方法之探索》，北京：商务印书馆，2009年版。
② 陈昭瑛：《朱熹的〈诗集传〉与儒家的文学社会学》，钟彩钧：《国际朱子学会议论文集》（上册），台北：中研院中国文哲所筹备处，1993年版。

表1　两种定向举例表（Ⅰ）[①]

郭晓东	学的层面（经学）	建构一个指导实践的义理系统 道的层面（理学）
黄俊杰	回顾性的儒家经典诠释	展望性的对未来的提案
陈昭瑛	尊重各个时代的独特性	以今人观点重新建构古典
李明辉	重寻中国哲学之原貌	赋予新意义，激发潜在动力
冯达文	于文本中有所依据	增加了新东西
杨儒宾	以经典为核心 诠释主体的暂时空无化	以诠释者为主体 （主体）不断重塑经典的内容
朱汉民	经典文本的历史性 经典文献的文本性、抽象性	实践主体的时代性 实践活动的现实性、经验性

从上述内容来看，经典诠释中存在"两种定向"应该是某种共识性的结论。只是我们不一定非要采用"两种定向"的说法来加以说明罢了。当然，就上述诸家所论而言，我们认为，还是用刘笑敢的面向历史、文本和面向当下、现实的"两种定向"之说来揭示经典诠释过程中的这两种取向，或许更具概括意义一些。比如，我们常见的古典意义下的"我注六经"与"六经注我"、"圣人之意"与"己之意"，以及今人所谓的"以经典为核心"与"以诠释者为主体"、"照着讲"与"接着讲"等说法，完全可以统于面向历史、文本与面向当下、现实的"两种定向"之下。对此，可参阅下表。

表2　两种定向举例表（Ⅱ）[②]

客观的、历史的、文本的取向	主观的、现实的、创造的取向
回溯性的解说	当下的、未来的理论创造
揭示和解释经典、圣人之意	建立、表达自己的哲学观点

---

① 刘笑敢：《从注释到创构：两种定向、两个标准——以朱熹〈论语集注〉为例》，《南京大学学报》（哲学·人文科学·社会科学）2007年第2期。

② 刘笑敢：《从注释到创构：两种定向、两个标准——以朱熹〈论语集注〉为例》，《南京大学学报》（哲学·人文科学·社会科学）2007年第2期。

对文本、作者的历史的探索	对当下、现实、未来的课题的思考
文字、语法、文本的解读	玄想的、理论的、哲学的建构
对他者的对谈、叩问	主体的精神创造和思想抒发
纯学术研究	现实关怀、启迪、指引、提升、慰藉
我注六经	六经注我
古文经学之兴趣	今文经学之兴趣
照着讲	接着讲
以对象性研究为主	以主体之哲学创造为主
方法论诠释学之关切	存有论诠释学之关切
Studying	Philosophizing
Authorlyintent	Readerinterpretations

表中所呈现的理论内容，其实都是对经典诠释过程中存在的两种取向的描述。应该说，经典诠释的"两种定向"是客观存在的。就此而言，要考察和研究一部诠释作品就应该注意到面向历史、文本与面向当下、现实的两种定向和要求。这就意味着，对一部诠释作品的评价，应该同时考虑不同的标准，简言之，即"一部作品，两种标准"。[①]正如刘笑敢所指出的："一部作品即复杂的诠释活动的最后成品，两种标准即文献的、历史的、客观性的标准和主体性、现实性、创造性的标准。只有同时运用这两种标准，才能对一部诠释作品有全面的、公正的批评和评价，同时也可以避免片面化的批评和争论，化解无益的意气之争。"[②]

评价一部诠释作品必须要有"文献的、历史的、客观性的标准"和"主体性、现实性、创造性的标准"两种标准。无疑，"两种标准"的"兼顾"应该是评判一部诠释作品最重要的维度。但是，很难说有哪一部诠释作品真正完全"兼顾"

[①] 刘笑敢：《经典诠释中的两种内在定向及其外化——以王弼〈老子注〉与郭象〈庄子注〉为例》《中央研究院文哲研究集刊》2005年第26期。
[②] 刘笑敢：《从注释到创构：两种定向、两个标准——以朱熹〈论语集注〉为例》，《南京大学学报》（哲学·人文科学·社会科学）2007年第2期。

了"两种标准","平衡"了"两种定向"。事实上,某一部诠释作品或一定时期的诠释作品总是或偏于面向历史、文本的定向,或偏于面向当下、现实的定向的。评判这样的诠释作品,我们或不能在"两种标准"下,指斥其未能照顾到这种要求,而应该是分别从"两种标准"出发去看待它:对于偏于面向历史、文本定向的诠释作品,应该在"文献的、历史的、客观性的标准"下肯定其明章句训诂、探寻经文本义的重要意义,但同时也应该在"主体性、现实性、创造性的标准"下,认识到其对实现思想发展和义理创新之贡献的不足;同样,对偏于面向当下、现实定向的诠释作品,应该在"主体性、现实性、创造性的标准"下肯定其推动实现义理创新、思想发展的重要意义,但同时也应该在"文献的、历史的、客观性的标准"下察其可能造成的对经典的曲解、比附。

比如,在"两种标准""两种要求"下,我们就应该这样来评判中国经学史上汉学与宋学分野的问题。我们知道,"汉型儒学向宋型儒学的推进,不惟是思想义理的转轨,更是经学范式的革新。唯有依托经学范式的革新,儒家学者才能打破汉唐儒学沉溺章句训诂的陈旧僵局,发挥己意,自由阐发义理,实现思想创新"[①]。相对而言,对于汉唐经学,我们要肯定其探寻经文本义的重要意义,也要察其沉溺章句训诂的偏失;对于宋明经学,我们应肯定其实现儒学的典范转移、义理创新的重要意义,同时也应注意到这种"创新"多可能是偏离文本、脱离具体历史情境的"曲解""附会"。也就是说,汉唐经学家在经典诠释过程中可能偏于历史文本的定向,而对当下现实的定向观照不足;同样,宋明理学家可能偏于当下、现实的定向,而对历史、文本的定向缺乏必要的观照。这也是经典诠释过程中难以摆脱的"挣扎游走于两种定向之间"的纠结:面向历史文本(经典本身),可能会沉溺章句训诂,得其"真"而无以"用";面向当下现实(时代问题),又恐系曲解比附,终没却圣人本意。

对此"纠结",我们或许只能分别从"文献的、历史的、客观性的标准"和

---

① 傅永聚,郑治文:《经学发展视域下儒学的"汉宋之变"》《中国哲学史》2014年第1期。

"主体性、现实性、创造性的标准"下去"破解":即对一部诠释作品,需分别从"两种标准"下去评判,切不可只从一种标准出发去论定其是非短长。"一部作品,两种标准",此之谓也。

二、经典诠释的"两种形态"

正如我们上面论及的,一部诠释作品必然涉及两种定向和两种要求,只有"兼顾""平衡"两种定向和两种要求的诠释作品才称得上是真正的上乘之作。然而,也需要指出的是,某一部特定的诠释作品或某一历史时期的诠释作品,常常是或偏于面向历史、文本,或偏于面向当下、现实的。比如,中国经学发展史上出现的古文今文之争、汉学宋学的分野,就是如此。虽然我们承认,一部诠释作品必然是两种定向互动作用的产物,然大体而言,古文经学、汉学多偏于历史、文本的定向,而今文经学、宋学则多偏于当下、现实的定向。正如郭晓东在论及经典诠释的两种取向时所指出的,偏于经典文本的取向时则使诠释多呈现为一种经学诠释(狭义)的形态,而偏于义理创新的取向时则使诠释多呈现为一种理学(哲学)诠释的形态。

其实,中国经学史上的汉唐型经学、宋明型经学正好代表了经典诠释的两种形态。尽管我们一再强调,无论是经学形态下的诠释作品还是理学(哲学)诠释形态下的诠释作品[①]都是"两种定向"互动作用的产物,然形成汉宋分野之关键恰又在于是偏于历史、文本定向和偏于当下、现实定向的区别。也就是说,就汉学、宋学的分野而言,它们其实代表了经典诠释的两种形态,即偏于历史、文本定向的经学诠释(狭义)和偏于当下、现实定向的哲学诠释。由"汉学"所代表的经典诠释形态,我们姑且可称其为经学诠释(狭义),而由"宋学"所代表的经典诠释形态,姑且可称为哲学诠释。景海峰认为,"作为经学的儒学"和"作为哲学的儒学"是儒家诠释的两种基本形态,他说:"从诠释学的理路,而不是既有的思想史或儒学史的方式,我们大致可以把儒家经典诠释的形态区分为两

---

① 参阅蔡方鹿:《中国经学与宋明理学》,北京:人民出版社,2011年版。

种：一种是围绕着文本的注疏式理解，意义的生成和扩展也是在字斟句酌的解释之中完成的；另一种即观念的演绎，文本只是作为材料被不断地选取并加以阐发。前一种方式较为符合古典知识相对封闭的传承要求，而后者则充满了现代性发散与扩张的色彩，由此形成了不同文明传统之间的自由穿梭态势和观念的交织与叠加。"① 儒家经典诠释中的经学诠释主要就是"围绕着文本的注疏式理解"，而哲学诠释则主要侧重的是"观念的演绎"。

需要指出的是，无论经学诠释（狭义）还是哲学诠释都是统一于经学诠释（广义）之下的，我们绝不承认有所谓超绝经学诠释（广义）之上的哲学诠释。就经典诠释的两种定向和要求而言，任何一部诠释作品都是经学诠释（狭义）和哲学诠释的统一，但就经典诠释或偏于面向历史、文本的定向，或偏于面向当下、现实的定向而言，经典诠释中又确有经学诠释（狭义）和哲学诠释两种形态的分别。

第二节 "哲学诠释"界说

"哲学诠释"是指诠释者作为诠释主体带着某种时代"先见"、观念"先见"（"我"）对经典文本（"六经"）做出的创造性理解。这种哲学诠释的最大特点就是偏重面向当下、现实的定向和要求，注重以经典文本（"六经"）的思想话语作为诠释者建构某种新的哲学观念和方法的材料和依据。就诠释主体"先在"的哲学观念和方法而言，最重要的无疑是其本体论的观念和方法，由此，诠释主体在其"先在"的本体论观念和方法下对经典文本做出的创造性理解，又构成了经典诠释的本体诠释意蕴的重要体现。

一、"哲学诠释"的内涵和特点

经典诠释的过程总会涉及两种定向和两种要求，虽然一部诠释作品总是两种定向互动作用的思想产物，然诠释过程中的偏向又总会使诠释呈现出经学（狭义）诠释形态和哲学诠释形态的分别。囿于论旨，我们还有必要对"哲学诠释"的具体所指和主要特点做一番简单的说明。

---

② 景海峰：《经学与哲学：儒学诠释的两种形态》《哲学动态》2014年第4期。

经典诠释中所谓"哲学诠释"主要是由面向当下、现实的定向所"引发"的，当诠释者在诠释过程中有意无意、自觉不自觉地偏于面向当下、现实的定向时，其诠释过程所注重的往往就不是对经典文本做注疏式的理解，也不会以探寻经典文本的本义（圣人之意）为限，而是侧重于借经典诠释来发明"己意"，借经典文本的思想话语资源来回应诠释者所面临之时代问题。为什么会有这种偏向呢？那多是处于回应诠释者当下的学术问题，建构诠释者自身的某种哲学观念和方法、实现思想的发展和义理的创新之需要。简言之，就是要通过这种哲学化的经典诠释来实现自我哲学观念和方法的创构。

如果说，所谓"经学诠释"是指以探寻经典文本之本义（圣人之意）为主要追求的"训解"的诠释方式的话，那么，所谓"哲学诠释"就是指以"发明己意"注入我的时代感受和问题意识为目的的"义解"的诠释方式。就古代中国经学的"汉宋之变"而言，汉型经学重章句训诂、文献考据；宋型经学重以己解经、推明义理。简单来说，汉型经学可以算是一种"训解"的诠释方式，而宋学则是一种"义解"的诠释方式。"哲学诠释"的"义解"特色主要体现为，诠释者总是带着某种时代的"先见"和观念的"先见"来诠释经典文本。若按照西方的"视域"融合诠释学理论，"义解"应该是倾向于立足解释者自身的"前见"或当下现实视域，来融汇、会通文本最初的视域。两者融合而成的新世界，其意义的最初生成源自解释者自身的"师心独见"，是一种迥异于"训解"的创造型经传诠释。这一诠释方式的本质特色，借用汤一介先生的话来说就是"整体性的哲学解释"，诠释者在进行诠释之前，便已和其要诠释的对象发生了某种"关联"，甚或诠释者已在心中掌控了其要诠释的对象的文本意义。而其心中掌控对象的文本意义，其实可能就是诠释者自身在诠释之前的最初理论、主张与一些初步的独到见解。

因此，对一部偏于"经学诠释"（狭义）形态，偏于面向历史、文本定向下的诠释作品，评价其学术意义时主要应抓住其"训解"的诠释特点，肯定其明章句训诂之价值，以及探寻经典文本之本义的贡献。然对一部偏于"哲学诠释"形态，偏于面向当下、现实定向下的诠释作品，评价其学术意义时则主要抓住其"义解"

的诠释特点，首先了解诠释者（"我"）的时代"先见"和观念"先见"，了解诠释者（"我"）通过对经典文本（"六经"）的诠释，对此时代问题进行了怎样的哲学思考，提出了怎样的哲学观念和方法。由此，我们可以说，所谓"哲学诠释"就是指诠释者作为诠释主体带着某种时代"先见"、观念"先见"（"我"）对经典文本（"六经"）做出的创造性理解。这种哲学诠释的最大特点就是以"我"为主，即偏重面向当下、现实的定向和要求，注重以经典文本（"六经"）的思想话语作为诠释者建构某种新的哲学观念和方法的材料和依据。所谓"六经注我"再明确不过地表现了经典诠释过程中的哲学化诠释的特点。

二、"哲学诠释"中的"本体诠释"

"哲学诠释"是诠释者作为诠释主体在某种时代"先见"和观念"先见"下对经典文本做出的一种创造性理解。所谓时代"先见"往往是指诠释者所面临的主要时代问题，它反映着诠释者的时代感受和问题意识；而所谓观念"先见"则是指诠释者对这种时代问题进行的哲学思考和回应，它反映着诠释者的哲学思考和理论建构。就"时代先见"常常主要表现于诠释者的"观念"先见中而言，所谓哲学诠释，就是诠释者基于其"先在"的哲学观念和方法对经典文本做出的创造性理解。也就是说，哲学诠释形态下的经典诠释，往往是诠释者在其"先在"的哲学观念和方法下进行的。

我们知道，一套哲学观念和方法的建构，往往需要有其奠基性的核心观念作为支撑，这种奠基性的核心观念一般就是哲学形而上学的本体论建构。正是在这个意义上来说，哲学就是形而上学。形而上学的本体论建构无疑是一种哲学观念和方法得以成立的关键所在。就哲学[①]形上本体意识之间的关系而言，在基于某种"先在"的哲学观念和方法下对经典文本进行的哲学化诠释中，最为重要的一环就是，诠释者基于其本体论的观念和方法对经典文本做出的创造性理解。而在经典诠释的过程中，诠释者基于本体论的观念和方法对经典文本做出的创造性理解，就是一部诠释作品的本体诠释意蕴所在。

"本体诠释"是成中英以中国古典诠释学为基础，批判继承西方诠释学理论和方法而提出的新的诠释学理论范式[①]。何谓"本体诠释"？对此，成中英明确地说过："有客来问我本体诠释学作何解？我答曰：本体是本而后体，本是根源，体是体系，本体是指宇宙呈现的生动活泼、生生不息的整体。具有时间性、空间性、生命性与创造性，但如何用人类的心灵与理性来表达及说明这一个活生生的宇宙本体，就是诠释的根本问题，故本体诠释学是以本体为体，以诠释为用的根本学问。"[②] 可以说，"本体诠释"就是诠释者作为诠释主体在以本体论的观念和方法为核心的哲学思想体系下对经典文本做出的创造性理解。

由此，成中英又将本体诠释的活动分为"对本体的诠释"（寻找本体的诠释）及"自本体的诠释"（基于本体的诠释）[③]。他认为，两类诠释活动共同构成了"本体诠释的圆环"。所谓"对本体的诠释（寻找本体的诠释）"，就是将本体作为诠释的对象，实则意指哲学体系的建构过程，它是"没有任何预设和前置的，只是在反思的过程中形成一套世界观，这个世界观与个人自我观结合在一起，就成了'他'的本体"[④]。所谓"自本体的诠释"（基于本体的诠释），就是将本体作为诠释的泉源，实则意指根据已有哲学体系，对各种具体事物做出诠释的过程，它是"先有一个本体的概念，然后用来解释外部的世界"。[⑤] 按照我们的理解，成中英所谓的"自本体的诠释"（基于本体的诠释）就是在先预设的本体论的观念和方法下对经典文本的创造性理解；而"对本体的诠释"（寻找本体的诠释）则没有本体论的"先见"，而只是在经典的诠释过程中"发明"本体，"体贴"出一种本体论的观念和方法。

[①] 赵吉惠，刘东超：《本体诠释和中西哲学——成中英〈世纪之交的抉择〉评介》《人文杂志》1992年第6期。

[②] 郑秋月：《对话·诠释——杜维明与成中英的美国儒学论说》，北京：中国社会科学出版社，2012年版，第228页。

[③] 成中英：《世纪之交的抉择——论中西哲学的会通与融合》，上海：知识出版社，1991年版，第10页。

[④] 李凯：《"中国诠释学"的发展现状及其存在的问题》《西南农业大学学报》（社会科学版）2008年第1期；景海峰：《解释学与中国哲学》《哲学动态》2001年第7期。

[⑤] 李凯：《"中国诠释学"的发展现状及其存在的问题》《西南农业大学学报》（社会科学版）2008年第1期；景海峰：《解释学与中国哲学》《哲学动态》2001年第7期。

在我们看来,"自本体的诠释"(基于本体的诠释)和"对本体的诠释"(寻找本体的诠释)难以完全二分,常常是统一于本体诠释的过程的。也就是说,在本体诠释的过程中,诠释者本体论的观念和方法与经典文本之间往往表现为一种相互作用的关系,从一部诠释作品中的某些诠释话语来看,我们或可感受到诠释者基于"先在"的本体论观念和方法对经典文本做出了新的理解;而从另一些诠释话语来看,我们又或可感受到的是经典文本中的某些思想话语启发了诠释者的本体论建构和思考。

三、《论语》的哲学诠释和本体诠释

所谓《论语》的哲学诠释并非是指对《论语》中所包含的哲学思想进行的考察和研究,而是指诠释者在某种特定的时代"先见"和观念"先见"下对《论语》文本进行的创造性理解。就诠释主体"先在"的哲学观念和方法而言,最重要的无疑是其本体论的观念和方法,由此,诠释主体在其"先在"的本体论观念和方法下对《论语》文本做出的创造性理解,成为《论语》诠释的本体诠释意蕴的重要体现。

(一)《论语》的哲学诠释

正如我们上面已经论及的,"哲学诠释"是诠释者作为诠释主体在某种时代"先见"和观念"先见"下对经典文本做出的创造性理解。这种哲学诠释的重要特点在于,它是在偏于面向当下、现实诠释定向下的一种"义解"的诠释方式。由此,所谓《论语》的哲学诠释并非是指对《论语》中所包含的哲学思想进行的考察和研究,而是指诠释者在某种特定的时代"先见"和观念"先见"下对《论语》文本进行的创造性理解,它主要是在面向当下、现实的诠释定向下对《论语》文本做出的一种"义解"式的解读和诠解。具体而言,《论语》的哲学诠释就是指诠释者在注释之前,其头脑中便已对文本《论语》及孔子的思想有了自己的整体看法甚或是一些先入为主的独特架构,然后用这个总体性的看法或独特架构来调度材料、展开诠解①。也就是说，这种哲学化的《论语》诠释主要体现为一种"六经注我"的诠释特点。由此，《论语》的哲学诠释并不注重对《论语》中的字词话语进行注疏式的理解，也并不完全以对《论语》中孔子思想本真精神的探源为限，而是侧重在《论语》诠释中注入诠释者自身的时代感受和问题意识，以《论语》中的思想话语来回应诠释者的时代关切，从而实现儒家哲学观念和义理精神的发展和创新，进而拓展和深化《论语》文本的意义空间。

诚然，这种对《论语》的哲学诠释，如果在面向历史、文本的定向和要求，以及"文献的、历史的、客观性的标准"下来看，所谓对《论语》文本意义空间的拓展和深化，所谓实现儒家义理的创新、儒学范式的转换，往往也可能只是对《论语》中的思想话语的"曲解"和"比附"。对此，我们丝毫不否认可能存在这种事实，只是也需要认识到的是，这种哲学化诠释对诠释者哲学观念和方法创新、儒家义理精神发展的重要意义。尤其在迫切实现孔子儒学思想创新和儒学范式转换的时代，这种《论语》哲学诠释的学术意义就更加不言自明。

众所周知，《论语》是反映儒家创始人孔子儒学思想最为重要的经典文本，千百年来，历代思想家对《论语》的诠释和注解构成了一部蔚为壮观的"论语学"发展史②。可以说，一部"论语学"史在很大程度上就是一部浓缩的中国儒学发展史。在哲学诠释的视野和维度下，在整个的《论语》诠释史中，玄学儒学、理学（广义）儒学、现代新儒学、当代儒学思潮下的《论语》诠释比较明显地反映了哲学诠释的特点，或者说，玄学儒学、理学（广义）儒学、现代新儒学、当代儒学思潮下的《论语》诠释是《论语》哲学诠释的重要典范。玄学、理学、现代新儒学、当代儒学等思潮下的《论语》诠释，不同于汉唐经学思潮下对《论语》的经学诠释（狭义）者在于，它们是王弼、郭象、朱熹、王阳明、梁漱溟、牟宗三、李泽厚、黄玉顺等带着玄学、理学（心学）、现代新儒学、当代儒学的时代"先见"和观念"先见"对《论语》文本做出的创造性理解，主要体现的是以《论

---

① 闫春新：《魏晋南北朝"论语学"研究》，北京：中国社会科学出版社，2012。
② 唐明贵：《论语学史》，北京：中国社会科学出版社，2009。

语》文本的思想话语来"注解"和"发明"其玄学、理学（心学）、现代新儒学、当代儒学的观念和方法的"六经注我"的诠释特点。

（二）《论语》哲学诠释中的本体诠释

《论语》的哲学诠释是诠释者作为诠释主体在某种"先在"的哲学观念和方法下对《论语》文本做出的创造性理解。就诠释主体"先在"的哲学观念和方法而言，最重要的无疑是其本体论的观念和方法，由此，诠释主体在其"先在"的本体论观念和方法下对《论语》文本做出的创造性理解，便构成了《论语》哲学诠释的本体诠释意蕴的重要体现。当然，反过来也可以说，《论语》的本体诠释是《论语》哲学诠释中最为重要的一环，它是《论语》哲学诠释特质的最鲜明的体现。

对于哲学诠释形态下的诠释作品，比如王弼《论语释疑》、郭象《论语体略》、朱熹《论语集注》、李泽厚《论语今读》等的研究和考察，关键是要先对诠释者诠释的观念"先见"有充分的觉察。就形上本体论在诠释者哲学观念和方法体系中的奠基性的意义而言，在研究一部哲学诠释形态下的诠释作品时，我们也应对其本体诠释的意蕴有相当的了解。具体来说，对于王弼、郭象为主要代表的玄学视域下的《论语》诠释，我们要注意到王弼"无"本体、郭象"性"本体的观念和方法在《论语》诠释中的表现和运用；对以朱熹、王阳明为主要代表的理学（广义）视域下的《论语》诠释，我们要注意到朱熹"理"本体、王阳明"心"（良知）本体的观念和方法在《论语》诠释中的表现和运用；对梁漱溟、牟宗三为主要代表的现代新儒学视域下的《论语》诠释，我们要注意到梁漱溟"生活—直觉"本体、牟宗三"良知"本体的观念和方法在《论语》诠释中的表现和运用；同样，对以李泽厚和黄玉顺为主要代表的当代儒学视域下的《论语》诠释，我们也要注意到李泽厚"情"本体、黄玉顺"生活—情感"本体的观念和方法在其《论语》诠释中的表现和运用。

这里，需要特别注意的是，李泽厚的"情"本体、黄玉顺的"生活—情感"本体并非传统的"形上—形下"的二元论观念下的本体论的概念，恰恰相反，李泽厚的"情"本体、黄玉顺的"生活—情感"本体都有某种无本体的"反形而上学"的特质。就像李泽厚在《论语》诠释中明确提出的"情"本体恰恰是无本体,"'本体'即在真实的情感和情感的真实之中。它以把握、体认、领悟当下和艺术中的真情和'天人交会'为依归,而完全不再去组建、构造某种'超越'来统治人们。"① 黄玉顺也明确地宣称,其生活儒学赖以建构的"生活—存在"(仁爱情感)的思想视域恰恰是要突破传统哲学"形上—形下"的二元论的架构,向前哲学、前形而上学的"存在"回归,以"生活"(仁爱情感、生活情感)作为儒家一切形而上学、形而下学观念的大本大源②。也就是说,李泽厚、黄玉顺所谓的"本体"并不同于宋明理学家、现代新儒家那种形而上学的本体论的观念。他们所谓的"本体"应该是就"情"本体的观念和"生活—情感"的本体观念在其"情本体儒学"和"生活儒学"的哲学体系中的奠基性意义而言的。

---

① 李泽厚:《论语今读》,北京:中华书局,2015年版。
② 黄玉顺:《爱与——生活儒学的观念》,成都:四川大学出版社,2006年版。

第二章 晋玄学视域下的《论语》诠释
——以王弼、郭象为例

魏晋玄学是中国古代学术思想发展的重要阶段，其主要学术旨趣乃在于玄学家通过对"三玄"（《周易》《老子》《庄子》）和《论语》等经典文本的创造性理解，从而实现儒道两家思想之调和融解。就《论语》诠释而言，魏晋玄学家这种在调和儒道的时代"先见"和玄学思想的观念"先见"下对《论语》的诠释，非常明显地反映了玄学"论语学"的哲学诠释的重要特点。也就是说，魏晋玄学《论语》诠释不同于汉注《论语》者主要在于，王弼、郭象等玄学家是假借诠释《论语》来阐发、说明自己的玄学思想，而不是侧重对《论语》文本本身的释读和理解。以下我们主要以王弼、郭象为例来说明魏晋玄学视域下的《论语》的哲学化诠释的特点和精神。当然，何以以王弼、郭象为主要代表来说明魏晋玄学视域下的《论语》的哲学化诠释的特点和精神，我们需要有一番详细的说明。

众所周知，魏晋玄学视域下的《论语》诠释是魏晋玄学家本于其玄学致思（"我"）对《论语》文本的玄学化理解和解释，由此形成了具有玄学特色的《论语》诠释学。与玄学的形成和发展的线索基本一致，对魏晋时期的玄学《论语》诠释学我们也大致可以这样去把握：

第一，何晏、王弼为主要代表的玄学"正始之音"，是魏晋玄学形成的重要标志，他们两人也都有注解《论语》的专门著述。其中，何晏的《论语集解》中虽有玄学思想"先见"下对《论语》文本的一些创造性理解，但总体来说更多的是呈现出一种汉注《论语》向玄学《论语》过渡的色彩，这是学界研究已经趋于成熟的结论。王晓毅、唐明贵、闫春新、甘祥满等学者都是持此观点，其中，唐明贵将《论语集解》定位为"集汉魏《论语》研究之大成"著作[①],应该说还是比较客观公允的。闫春新等也指出:"就《论语集解》整体在'论语学'的流传地位而言,其是汉魏注的精粹总结,从学术品格上基本属汉注系统,而其中的王肃《论语》注,特具魏晋儒的礼法特色;但就里面的何晏《论语》注而言,又开启了魏晋经学玄学化的先河"。[②]可见,何晏《论语集解》虽开玄学化《论语》之先河,但其总体来说,还是属于汉注《论语》的系统,鉴于此,我们不以何晏《论语集解》为例来说明玄学化《论语》诠释的"六经注我"的哲学诠释之特点。当然,不以何晏《论语集解》为例来说明玄学化《论语》诠释的"六经注我"的哲学诠释之特点,除了《论语集解》的"过渡性"的特色不能充分反映玄学化《论语》诠释的典型性特征外,还因为《论语集解》并非都出自何晏一人之手。事实上,《论语集解》是出自何晏、曹羲、孙邕、荀顗、郑冲五人之手。据何晏等奏进的《论语集解叙》中所记:"今集诸家之善,记其姓名。有不安者,颇为改易,名曰《论语集解》。光禄大夫关内侯臣孙邕、光禄大夫臣郑冲、散骑常侍中领军安乡亭侯臣曹羲、侍中臣荀顗、尚书驸马都尉关内侯臣何晏等上。"《晋书·郑冲传》也载:"冲与孙邕、曹羲、荀顗、何晏共集诸家训注之善者,记其姓名,因从其义,有不安者辄改易之,名曰《论语集解》。成,奏之魏朝,于今传焉。"就《论语集解》出自多人之手而言,我们也有理由不以其为例来说明玄学化《论语》诠释的特点。

相比而言,与何晏学术思想的"过渡性"特质不同,王弼可谓是严格意义下的玄学家,他谈有说无,辨言意问题,提倡举本统末,提倡"名教出于自然",极力以其玄学致思调和儒道之冲突,充分体现了其玄学的理论创构。在这种学术致思下,王弼对《论语》进行专门诠释的《论语释疑》可谓是第一部真正意义上的玄学《论语》诠释作品,首开玄化《论语》的先河。王弼《论语释疑》已经十分完整而清晰地体现出了玄学《论语》的色彩,他是王弼带着"调和儒道"的时代先见和以"举本统末"为核心的玄学思想"先见"对《论语》文本做出的玄学

---

① 唐明贵:《论语学史》,北京:中国社会科学出版社,2009年版,第178页。
② 徐向群,闫春新:《何晏〈论语集解〉研究》,《求索》2009年第10期。

化的理解。因此,就正始玄学语境下的《论语》诠释而言,我们应可以以王弼的《论语释疑》为例来说明魏晋玄学视域下的《论语》诠释的"六经注我"的哲学诠释特点。这也是我们以王弼为代表来论述魏晋玄学视域下的《论语》诠释的主要理由所在。

第二,以阮籍、嵇康等为主要代表的"竹林玄学"可以说是魏晋玄学发展的第二个阶段。大致而言,囿于魏晋易代的政治剧变,在这种时代语境下所"逼"出来的"竹林玄学"总体具有"非汤武而薄周孔,越名教而任自然"的"以道抗儒"的特点。这里我们所谓的"以道抗儒"是指,以道教"自然"的立场来鄙薄儒家的"名教"主张。正如郑治文所指出的:"与王弼多取法《老子》不同,阮籍、嵇康更多地是援引庄学资源,借以揭露名教对人性的压抑和束缚。"[1] 嵇康在《难自然好学论》中说:"六经以抑引为主,人性以从欲为观,抑引则违其愿,从欲则得自然。然则自然之得,不由抑引之六经,全性之本,不须犯情之礼律。故知仁义务于理伪,非养真之要术,廉让生于争夺,非自然之所出也。"[2] 很明显,这是以道家"自然"的要求来批判儒家"六经之教"对人性的压抑的言论。可以说,在"高平陵政变"所引发的朝代更迭造成的政治压力下,**魏晋玄学的发展偏离了"调和儒道"的本旨**。在"以道抗儒"的立场下,以阮籍、嵇康为主要代表的"竹林玄学"名士对儒家纲常名教、礼法秩序多持激烈的批判态度,因此,这一时期并未出现专门诠释《论语》的作品。当然,竹林名士多有对《论语》中孔子话语的理解,但多体现的是一种"非儒""非孔"的激烈批评态度。可以说,竹林玄学是魏晋玄学在政治剧变下出现的一个"变调",政治的压力使玄学偏离了"调和儒道"的主流。在这种背景下,这一阶段并未出现《论语》诠释的经典作品,因此,不能作为我们考察的主要阶段。

第三,魏晋玄学发展的第三阶段是以向秀、郭象为主要代表的玄学综合和总

---

[1] 郑治文:《文明对话与中国文化——以"文明对话与儒学三期发展"为中心的发展》,济南:山东人民出版社,2016年版。

[2] 戴明扬校注:《嵇康集校注》《难自然好学论》,北京:人民文学出版社,1962年版。

结的阶段。向秀和郭象的玄学思想主要体现在其《庄子》注中,这一阶段的玄学发展呈现出一种"否定之否定"的辩证过程,即经过对"竹林玄学"鄙薄名教所产生的负面社会效应的批判反思,以及重新向王弼为主要代表的调和儒道的努力方向的回归,推动魏晋玄学迈向了更高阶段。阮籍、嵇康等那种"越名教而任自然,非汤武而薄周孔"的主张,更多只是其个人情感宣泄,并非是对"名教"和"自然"关系的理性思考,这种否定"名教"的立场所造成的是人脱离"名教"羁绊后而造成的种种放浪形骸的言行[①]。据《晋书·乐广传》所记:"是时王澄、胡毋辅之等,皆亦任放为达,或至裸体者"。[②]这种种乱象就是礼法失序、纲常式微后出现的后果。向秀、郭象等出而重新贞定"自然"和"名教"的关系,对"调和儒道"进行了新的理论尝试就是在这种背景下出现的。

郭象玄学的时代精神是重新回到了魏晋玄学"调和儒道"、化解"名教"与"自然"的冲突的思想主旨上来,只是其所不同于王弼玄学"调和儒道"之理论建构者在于,郭象玄思下的对儒道的整合是一种更高层次的圆融,这颇不同于王弼调和儒道矛盾的那种本末体用的思维模式。可以说,在郭象"自生独化"、新"内圣外王"之道的玄学思想观念下,儒道思想精神已经浑然一体,合而为一了。或许正是有鉴于此,有论者才会提出,郭象玄学精神已非儒或道的思想所能指涉,他已经创造性地将儒家、道家两家的思想精髓融合为了儒、道之外的"第三种思想"。"个体主义、个性主义、个人主义,是郭象贡献给中国哲学、中国文化的新思想,是郭象贡献给中华民族的宝贵精神财富。这是儒道佛三家都包容不了,而且是真正对儒道佛三家构成挑战的新质文化要素"[③]。郭象玄学是否是儒道佛

---

① 当然,竹林玄学完全鄙薄"名教"的立场自不可全取,然他们对个体意识的肯定无疑是值得高度赞赏的,正如余敦康先生所认为的:"他们没有编织成一个完整的体系,从而也没有建立起一个牢固的精神支柱,但是就在他们持续不断的痛苦的求索之中,把自我意识本身的问题突出出来,这对当时具有高层次精神需要的知识分子是一个很大的启发,在中世纪的历史条件下开创了一个自我意识的觉醒运动。"(余敦康:《阮籍、嵇康玄学思想的演变》《文史哲》1987年第3期。)
② [唐]房玄龄等撰:《晋书》《乐广传》,北京:中华书局,1974年版。
③ 王江松:《郭象哲学的历史地位及其现代意义》《吉首大学学报》,2006年第3期。

三家之外的"新思想"姑且不论，然郭象作为玄学的集大成者，他将玄学那种"调和儒道"的精神推向了更高阶段却是无可置疑的。就《论语》诠释史而言，郭象玄学思想"先见"虽主要体现于其《庄子注》中，然其注释《论语》的《论语体略》一书同样也反映了郭象玄学的重要精神特质。就郭象在玄学史上的集大成的地位而言，其《论语体略》无疑也可以被视为玄化《论语》的典范之作。由此，郭象《论语体略》理应作为我们考察玄学视域下的《论语》诠释问题的重要关注点。

第四，东晋玄学可谓是魏晋玄学的第四个发展阶段，这一阶段玄学发展的特点在于玄学的衰落和玄佛的合流。除了玄佛合流外，此一阶段玄学的思想以张湛的"顺性"论、"肆情"论为主要代表。"从西晋到东晋，从郭象到张湛，社会局势变化了，玄学家的心境也不同了，这时的玄学家再也没有心思鼓吹儒道兼宗，内圣外王的治世之道也。对于国家和个人的命运，只能是不知不为，别无他法。'[①] 张湛的"无为"论、"顺性"论、"命定"论、"肆情"论就是在这种历史背景下出现的。不难理解，在这种时代语境下，孔子、《论语》和儒家"名教"并非是玄学家探讨的主题，由此也并没有出现有代表性的《论语》诠释的作品。

综上所论，就魏晋玄学视域下的《论语》诠释而言，我们认为，王弼的《论语释疑》和郭象的《论语体略》较能反映出玄学《论语》诠释的那种"六经注我"的哲学化诠释的特点。

郭象是魏晋玄学的集大成者，与王弼的《论语释疑》一样，郭象的《论语体略》也是魏晋玄学《论语》诠释的重要作品。郭象的玄学《论语》诠释仍然是在调和儒道的这个时代"先见"下展开的，其注《论语》也是要借《论语》的思想资源来"发明""注解"其为和合儒道而开出的"自生独化"的玄思。在《论语》诠释中，郭象不仅表现和运用了自生独化的观念和方法，也充分体现了以"性"释礼乐、道德的本体论思维。本体论思维和方法的运用，也反映了郭象《论语》诠释的本体诠释意蕴。

---

① 许抗生：《魏晋玄学史》，西安：陕西师范大学出版社，1989年版。

总之,"真正使儒学玄学化、完全以玄学研究《论语》的,是王弼的《论语释疑》,继之有郭象的《论语体略》。《论语集解》尚保留有汉儒解经的主旨,《论语释疑》和《论语体略》则完全摆脱汉学章句训诂的遗风,纯然以形上之思解注《论语》义理"。①这是我们以王弼《论语释疑》、郭象《论语体略》作为代表来论述魏晋玄学视域下的《论语》诠释问题的主要原因。另外,还需要有所交代的是,魏晋南北朝时期出现的《论语》诠释的经典作品除了王弼的《论语释疑》和郭象的《论语体略》外,还有皇侃的《论语义疏》。从王弼《论语释疑》到皇侃的《论语义疏》大体表征着玄学《论语》学的发展过程②。"《论语义疏》是在汉学式微、玄学昌盛的时代背景下的著作,汉玄更迭与交汇是这个时期学术发展的一大特点,《论语义疏》恰恰能把汉式注解与玄学注解比较全面地汇集在一起。"③应该说,皇侃的《论语义疏》是集汉注《论语》和玄化《论语》之成就的佳作,就玄学《论语》而言,《论语义疏》无疑是魏晋玄学视域下《论语》诠释的重要作品,然我们对其不进行专门研究,主要是在于认为,《论语义疏》虽与何注相比,其玄学思想更加丰富了,并保存了大量玄学名家对《论语》的阐释,然其主要学术贡献在于保存了大量玄学名士对《论语》的注释,而并非是皇侃个人的玄学思想对《论语》的创造性理解,这与王弼、郭象的《论语释疑》《论语体略》极为不同。这正是我们不专门以皇侃作为代表来说明魏晋玄学视域下的《论语》诠释问题的主要缘由。

第一节 王弼的玄学《论语》诠释及其本体诠释意蕴

王弼《论语释疑》开"玄化《论语》的先声"④,是学界公认的第一本以玄

---

① 甘祥满:《玄学背景下的魏晋南北朝〈论语〉学研究——从〈论语集解〉到〈论语义疏〉》,《中国哲学史》2007 年第 1 期。
② 参阅甘祥满:《玄学背景下的魏晋南北朝〈论语〉学研究——从〈论语集解〉到〈论语义疏〉》《中国哲学史》2007 年第 1 期。
③ 甘祥满:《〈论语〉注释中的两种诠释向度——以〈论语义疏〉为例》,《北京行政学院学报》2009 年第 1 期。
④ 唐明贵:《论语学史》,北京:中国社会科学出版社,2009 年版,第 198 页。

学思想诠释《论语》的重要作品①。它不是纯粹反映儒家思想的经典著述，而是玄学化了的儒学之作②。这种玄学《论语》诠释所不同于汉注《论语》者主要在于，王弼是假借诠释《论语》来阐发、说明自己的玄学思想，而不是对《论语》文本本身的释读和理解。简单来说，《论语释疑》是《论语》"注"王弼（玄学），而非王弼"注"《论语》。它是王弼带着调和儒道的魏晋"先见"对《论语》的创造性诠释，其为调和儒道而开出的举本统末的玄学观念和方法正是依托诠释《论语》而"发明"的。更为重要的是，王弼《论语》诠释过程中以"无"释"道"、以"自然"为礼乐孝悌之本所实现的本体论的建构和运用，使其玄学《论语》诠释本身具有了本体诠释的重要意蕴。

一、调和儒道——王弼《论语》诠释的魏晋"先见"

东汉末年的社会动乱，不断冲击着以三纲五常和天人感应为核心的儒学思想的正统地位，由此造成了魏晋时期儒学的式微和道家学说的复兴。魏晋兴起的玄学思潮说白了就是那一时期儒道"融突""和合"的思想产物。魏晋玄学家们谈有说无、注释"三玄"，看似玄远不实，然其所想所思终离不开调和儒道的时代关切。作为开玄学风气之先的重要代表，王弼通过注释《论语》《周易》《老子》来阐发其玄学思想，表现出在理论上会通孔老、调和儒道的尝试和努力。

王弼玄学的经典诠释不同于汉代经学的经典诠释在于，他始终是带着调和儒道的魏晋"先见"来创造性地诠释《论语》等经典文本的。《论语释疑》作为王弼以玄学思想诠释《论语》的重要著述，较为明显地反映了王弼玄学调和儒道的时代关切，体现了其玄学经典诠释"义解"的时代特色——即"用老庄思想解释儒经，并且只把儒经作为一种凭借，重点不在疏通经义，而在发挥注释者自身的见解"。③

《论语》是反映儒家创始人孔子思想言行的主要经典，它不仅为我们展现了

---

① 王晓毅：《王弼〈论语释疑〉研究》，《齐鲁学刊》1993年第5期。
② 高晨阳：《儒道会通与正始玄学》，济南：齐鲁书社，2000年版。
③ 任继愈：《中国哲学发展史》（魏晋南北朝卷），北京：人民出版书，1988年版。

罕言"性与天道"的生活世界中的孔子形象，也集中表现了儒家学说重视礼乐教化（名教）的基本特质。从《论语》来看，孔子儒学与老庄所代表的道家学说在思想旨趣、哲理精神上确实是大相径庭的。梁启超《论中国学术变迁之大势》一书中对老孔所代表的南北文化的特点有过精彩的评述，他说："故其（北学）学术思想，常务实际，切人事，贵力行，重经验，而修身齐家治国利群之道术，最发达焉……探玄理，出世界，齐物我，平阶级，轻私意，厌繁文，明自然，顺本性，此南学之精神也。"①孔子罕言"性与天道"，老子好言"天道自然"；儒家务实际、切人事，重视礼乐教化，道家探玄理、出世界，追求"无为而治"。

如何调和儒道两种"异质文化"的对立与冲突，应是王弼诠释《论语》的主要问题意识所在。也就是说，王弼之所以要注释《论语》主要是为了重新"发明"孔子儒学之"真义"，使之与老庄玄理相契合。汤用彤说："夫孔圣言行见之《论语》，而《论语》所载多关人事，与老易之谈天者似不相侔。则欲发明圣道，与五千言相通而不相伐者，非对《论语》下新解不可。然则《论语》释疑之作，其重要又不专在解滞疑难，而更在其附会大义使与玄理契合。"②因此，王弼带着调和儒道的魏晋"先见"对《论语》下的新解，与其说是"解"《论语》，毋宁说是借"注"《论语》来阐发自己"儒道调和"的玄学思想。

王弼的这种玄学《论语》诠释不同于汉注《论语》之处，在于它是本于"先入为主"的玄学观念和方法对《论语》做出的新理解和诠释。具体来说，王弼的玄学《论语》诠释是他在魏晋调和儒道的时代诉求下对《论语》的创造性理解，"注"《论语》不过是为了在孔子那里寻求与老庄之学相契相通的精神资源，抑或是为了"印证"和说明其早先"预设"的儒道调和的思想见解。总之，王弼"注"《论语》本身并非为注而注，而是为了实现儒道的"和解"、孔老的"会通"。正如有论者指出的，在注释《论语》之前，王弼就"根据其儒道兼综、趋近的魏晋'先见'，甚或以混同儒道原有文本文意的'己之意'，事先预设了在儒道经传中异中求同

---

① 梁启超：《论中国学术思想变迁之大势》，上海：上海古籍出版社，2001年版。
② 汤用彤：《魏晋玄学论稿》，北京：人民出版社，1957年版。

的诠释学理念与儒道互释的诠释方法。也就是说,早在其进入诠释活动前,其头脑中便已对文本《论语》及其孔子的圣人形象,有了孔(子)与老(子)、庄(子)相通互释或儒道为一的整体性看法"。① 可见,要真正读懂王弼的《论语释疑》,了解其玄学《论语》诠释的意蕴,必先明其"调和儒道"的魏晋"先见"。

二、举本统末——王弼《论语》诠释确立的基本观念和方法

"调和儒道"是王弼玄学的主要学术旨趣。就儒道的融通互补而言,王弼具体是在界定和说明无与有、自然与名教、一与多、本与末等相互关系的基础上实现的。为调和儒道,王弼在注《论语》《周易》《老子》等经典的过程中"发明"了举本统末的玄学观念和方法。王弼玄学虽涉及贵无论、"名教出于自然"论和言意之辨等许多内容,然其思想核心应是这种"举本统末"的观念和方法。从调和儒道的基本诉求,到开出以"举本统末"为核心的玄学思想,标志着王弼玄学的体系建构。

作为第一部以玄学思想诠释《论语》的作品,《论语释疑》中的很多地方都反映了王弼以举本统末的观念和方法来调和儒道的玄思。在诠释《论语》的过程中,王弼不仅明确提出了"举本统末"的重要命题,还对其进行了深入的论证和说明。

首先,通过对《论语》中孔子所谓"予欲无言"的诠释,王弼提及了"举本统末"的命题。

> 子曰:"予欲无言。"子贡曰:"子如不言,则小子何述焉?"子曰:"天何言哉?四时行焉,百物生焉。天何言哉?"②

> 弼注:"予欲无言,盖欲明本,举本统末,而示物于极者也。夫立言垂教,将以通性,而弊至于淫;寄旨传辞,将以正邪,而势至于繁。既求道中,不可胜御,是以修本废言,则天而行化。以淳而观,则天地之心见于不言;寒暑代序,则不言之令行乎四时,天岂谆谆者哉!"③

---

① 闫春新:《魏晋南北朝"论语学"研究》,北京:中国社会科学出版社,2012年版。
② 《论语·阳货》,杨伯峻译注:《论语译注》,北京:中华书局,1980年版。
③ 楼宇烈:《王弼集校释》,北京:中华书局,1980年版。

不难发现，理解王弼的上述话语关键是要抓住"言"与"本"的问题。王弼认为，立言垂教、寄旨传辞有"弊湮""势繁"的问题，"明本""举本""修本"比"立言"更为重要。孔子之所以"欲无言"，道理正在于此。"修本废言，则天而行化。"王弼正是通过对《论语》中孔子"予欲无言"的诠释，表达了举本统末的观点。

此外，王弼还通过对《论语》中孔子所谓"吾道一以贯之"的诠释，对"举本统末"的观念和方法做了更为深刻的哲理说明。

> 子曰："参乎，吾道一以贯之。"曾子曰："唯。"子出，门人问曰："何谓也？"曾子曰："夫子之道，忠恕而已矣。"①
> 弼注："贯，犹统也。夫事有归，理有会。故得其归，事虽殷大，可以一名举；总其会，理虽博，可以至约穷也。忠者，情之尽也；恕者，反情以同物者也。未有反诸其身而不得物之情，未有能全其恕而不尽理之极也。能尽理极，则无物不统。极不可二，故谓之一也。推身统物，穷类适尽，一言而可终身行者，其唯恕也。"②

这里，王弼发挥了孔子"道"可"一以贯之"的说法，强调事虽大，总有归，可以一名举；理虽博，总有会，可以至约穷。他认为，无论事有多大、理有多博，只要能"尽"理之"极"，就可以将万事万物"统"于其下。这个"无物不统"的事理之"极"，王弼将其称为"一"。经过这样一番诠释，《论语》中孔子说的"吾道一以贯之"被抽象化地理解为作为事理之"极"的"一"对万事万物的统摄，因而具有了形而上学的重要内涵。孔子所谓的"吾道一以贯之"也无疑成为了王弼举本统末的玄学思想的最好注脚。

当然，王弼通过诠释《论语》确立的"举本统末"的观念和方法虽然看似玄

---

① 《论语·里仁》，杨伯峻译注：《论语译注》，北京：中华书局，1980年版。
② 楼宇烈：《王弼集校释》，北京：中华书局，1980年版。

远抽象，但如果将其重新拉回到调和儒道的时代关切下来理解，却也不难明白其真正的意义所在。事实上，王弼正是通过诠释《论语》而确立起的"举本统末"的观念和方法来说明无与有、自然与名教、一与多、本与末等的相互关系，进而实现儒道调和与孔老会通的。其实，王弼以"举本统末"为核心的玄学思想在很大程度上具有某种调和儒道的认识论和方法论的重要意义，苏东天指出："王弼的玄学，实质上就是我国古代的认识论和方法论哲学。"① 因此在"举本统末"的观念和方法下理解无与有、自然与名教、本与末等的相互关系，自然也就有了王弼"无中生有""名教出于自然""崇本举末"等基本的玄学思想主张。"名教出于自然"论的提出，无疑是王弼玄学实现儒道"和解"的重要思想标识。王晓毅说："何晏初步创立了贵'无'本体论玄学。王弼则在这一基础上，运用本末体用方法成功地解答了有与无、有为与无为、名教与自然等一系列学术难题……奠定了魏晋玄学的理论基础，将中国文化引入儒道融合的新时代。"②

王弼"举本统末"的观念和方法运用在《论语》诠释中就是找到了"名教出于自然"的注脚，表达了以"自然"为礼乐孝悌之本的重要观点。从举本统末的观念和方法的确立，到提出以"自然"为礼乐孝悌之本的具体主张，比较完整地展现了王弼玄学《论语》诠释过程中实现本体论的建构和运用以调和儒道的过程。或许正是有鉴于此，汤用彤才会认为，王弼对《论语》的解释，是魏晋儒道互通之最典范体现。

三、以"无"释"道"——王弼《论语》诠释的本体诠释意蕴

《论语释疑》是王弼基于调和儒道的时代关切和以举本统末为核心的玄学思想对《论语》的诠释和理解。在魏晋玄学的"先见"下，王弼的玄学《论语》诠释中始终贯穿着一种举本统末的玄学本体论思维和方法。可以说，王弼的玄学《论语》诠释主要就是其基于玄学的本体论思维和方法对《论语》的创造性理解，主要学术价值在于其本体诠释的重要意蕴。王弼的玄学《论语》诠释的本体诠释意

---

① 苏东天：《易老子与王弼注辨义》，北京：文化艺术出版社，1996年版。
② 王晓毅：《王弼评传》，南京：南京大学出版社，1996年版，载《评传内容提要》。

蕴主要表现在以下两个方面：

第一，以"无"释"道"的本体论建构。"举本统末"是王弼为调和儒道而开创的玄学的基本观念和方法。通过对《论语》中孔子说的"予欲无言""吾道一以贯之"等话语的诠释，王弼表达了"能尽理极，无物不统"的重要思想观点。他常说的"举本统末""崇本举末"的"举本""崇本"在形而上学的意义上来说，就是要追寻那个"无物不统，无理不尽"的"极"。这个能统万物，能尽万理的"极"，就是王弼说的"无"。"无"就是王弼玄学的主要本体论范畴。从说明和确立"举本统末"的基本观念和方法到将那个"无物不统"的"极"明确定为"无"，王弼的《论语》诠释为我们呈现了其本体论建构的完整过程。

王弼基于"无"本体对《论语》中孔子说的"志于道"的诠释，十分明显地反映了其玄学《论语》诠释的本体诠释特色。

> 子曰："志于道，据于德，依于仁，游于艺。"①
> 弼注："道者，无之称也，无不通也，无不由也，况之曰道，寂然无体，不可为象。"是道不可体，故但志慕而已。②

这里，王弼以"无"释"道"，给《论语》中孔子说的"道"赋予了"无不通，无不由"的特质，因而具有了本体论的意义。这种基于"无"本体对《论语》"道"的解释，既可以理解为是王弼通过重新诠释孔子说的"道"，使其本体化、玄学化，又可以理解为是假借释"道"来说明其"无"的本体论思想。总之，以"无"释"道"既是王弼玄学调和儒道的深刻反映，又是其本体诠释意蕴的重要表现。

第二，以"自然"为礼乐孝悌之本的本体论运用。王弼以"无"释"道"建构本体、开出"举本统末"的观念和方法，并非只为架构一种玄之又玄的所谓"玄学"，而是为了运用"举本统末"的本体思维和方法来处理无与有、自然与名教、本与末等的相互关系，进而实现儒道的调和、孔老的会通。在诠释《论语》

---

① 《论语·述而》，杨伯峻译注：《论语译注》，北京：中华书局，1980年版。
② 楼宇烈：《王弼集校释》，北京：中华书局，1980年版。

的过程中，王弼运用举本统末的本体思维和方法巧妙地"化解"了儒家重名教和道家法自然之间的对立和紧张，表达了以"自然"为礼乐孝悌之本的思想主张。

> 有子曰："其为人也孝弟，而好犯上者，鲜矣；不好犯上，而好作乱者，未之有也。君子务本，本立而道生。孝弟也者，其为仁之本与！"①
>
> 弼注："自然亲爱为孝，推爱及物为仁也。"
>
> 子曰："兴于诗，立于礼，成于乐。"②
>
> 弼注：""言有为政之次序也。夫喜、惧、哀、乐，民之自然，应感而动，则发乎声歌。所以陈诗采谣，以知民志风。既见其风，则损益基焉。故因俗立制，以达其礼也。矫俗检刑，民心未化，故又感以声乐，以和神也。若不采民诗，则无以观风。风乖俗异，则礼无所立，礼若不设，则乐无乐乐非礼则功无所济。故三体相扶，而用有先后也。③

"自然亲爱为孝"，无疑可看作是王弼"名教出于自然"思想在《论语》诠释中的具体体现。事实上，在王弼"举本统末"的玄学认识论和方法论的指引下来看道家"自然"之旨和儒家"名教"之说的关系，"名教出于自然""自然亲爱为孝"不过是顺理成章的必然结论。以"举本统末"的观念和方法来处理"自然"和"名教"的关系，提出"自然亲爱为孝"的重要论说，实现儒道两家的真正"和解"，是王弼"无"的本体思维和方法在《论语》诠释中的巧妙运用。在王弼看来，"在解释儒家的经典如《论语》时，应该侧重于由用以见体，把孔子关于名教的思想提到'体无'的高度"。④

王弼《论语释疑》中以"无"释"道"的本体论建构和以"自然"为礼乐孝悌之本的本体论运用，完整地反映了其玄学对《论语》诠释的本体诠释意蕴⑤。

---

① 《论语·学而》，杨伯峻译注：《论语译注》，北京：中华书局，1980年版。
② 《论语·泰伯》，杨伯峻译注：《论语译注》，北京：中华书局，1980年版。
③ 楼宇烈：《王弼集校释》，北京：中华书局，1980年版。
④ 余敦康：《何晏王弼玄学新探》，济南：齐鲁书社，1991年版。
⑤ 毕景媛：《"举本统末"与儒道"和解"》《光明日报》2017年3月11日第11版。

当然，王弼玄学的本体诠释意蕴不仅体现在《论语》诠释中，他对《老子》《周易》的诠释也同样具有本体诠释的重要意蕴。正如暴庆刚所言："王弼在诠释《老子》《周易》及《论语》的过程中，对本体论的建构及运用的指向十分自觉和明确，本体思维体现在其所有的著作中，构成了一个始终连贯的本体诠释体系，故可将其哲学称之为'本体诠释学'。"①

可见，本体诠释是王弼玄学对《论语》诠释的重要内蕴所在。在诠释《论语》的过程中自觉实现本体论的建构和运用，当是王弼《论语释疑》最为重要的学术价值所在。有论者指出："开启以本体论视域解释儒家经典，以人生哲学替代宇宙哲学的解释学致思，触发中国早期语言哲学向纵深的发展，是魏晋《论语》学的重要学术贡献。"事实上，"以本体论视域解释儒家经典"的魏晋《论语》学，王弼的《论语释疑》无疑是其中当之无愧的开风气之先的重要代表。作为以本体论视域解释儒家经典的真正开启者，王弼《论语释疑》所确立的"本体诠释"典范昭示着中国诠释学发展的重要转折和突破。诚如李兰芬所言："王弼的《论语释疑》从其历史命运看，似乎没给儒家经典增添什么新的意义。但相比它对同是儒家经典的《易注》的影响来看，它仍然起到了对儒家经典解释范式的冲击作用，并且这种冲击作用进一步影响到对儒家思想实质的理解。"②对于儒家经学的发展而言，"《论语释疑》的成书，处在由汉至宋的儒学发展途程中，实具转折性的地位"③。

综上所言，王弼的《论语释疑》是其带着调和儒道的魏晋"先见"对儒家经典文本《论语》做出的一种玄学化的理解和诠释。这种玄学《论语》诠释主要不是着眼于对《论语》文本本身的释读和理解，而假借诠释《论语》来注解和说明其为调和儒道而"发明"的举本统末的玄学观念和方法。从其《论语》诠释中确

---

④ 暴庆刚：《玄学的诠释学形态嬗变及其思想史意义》《安徽师范大学学报》（人文社会科学版）2013年第5期。
① 李兰芬：《玄远之幕的飘落——王弼〈论语释疑〉的命运》《孔子研究》2004年第3期。
② 林丽真：《王弼老、易、论语三注分析》，台北：东大图书公司，1988年版。

立的举本统末的基本观念和方法来看，王弼玄学在很大程度上实现了儒道两家的"和解"。不仅如此，在诠释《论语》的过程中，王弼以"无"释"道"、以"自然"为礼乐孝悌之本所实现的本体论建构和运用，也使其玄学《论语》诠释本身具有了本体诠释的重要意蕴。

第二节 郭象的玄学《论语》诠释及其本体诠释意蕴

与王弼《论语释疑》一样，郭象的《论语体略》也是魏晋玄学《论语》诠释的重要作品。《论语体略》虽只有九条，但从中我们也可以清楚地看见，郭象玄学《论语》诠释的主要问题意识以及所表现和运用的玄学观念和方法。事实上，郭象玄学《论语》诠释仍然没有摆脱调和儒道的这个时代"先见"，其玄学之思想追求仍是要融合"名教"与"自然"，实现儒道的"和解"。郭象注《论语》也是要借《论语》的思想资源来"发明""注解"其为和合儒道而开出的"自生独化"的玄思。郭象"自生独化"的思想虽然主要是通过注《庄子》而提出和确立的，但这种观念和方法在《论语》的诠释过程中也得到了充分的表现和运用。也就是说，郭象玄学《论语》诠释中不仅表现和运用了自生独化的观念和方法，也充分体现了以"性"释礼乐、道德的本体论思维。郭象《论语》诠释中本体论思维和方法的运用，也反映了其《论语》诠释的本体诠释意蕴。

一、儒道为一——郭象《论语》诠释的魏晋"先见"

郭象是魏晋玄学的集大成者，其玄学思想在批判继承主张"越名教而任自然"的阮籍、嵇康玄学和主张"崇有"的裴𬱖玄学之基础上，向王弼玄学回归，对儒道两家的思想学说进行了更高层次、更高水平的融合与会通。正如余敦康先生所指出的，玄学以自然与名教的关系为主题，"玄学的这个主题早在正始年间就已由王弼通过思辨的形式明确提出来了，后来阮籍、嵇康与裴𬱖从不同的侧面使之变形、歧化，进行片面的发展，增添了许多王弼所没有意识到的丰富的内容，现在到了郭象的时代，应该是复归于这个主题，进入综合总结的阶段了"。[①]

---

① 余敦康：《魏晋玄学史》，北京：北京大学出版社，2004年版。

我们知道，魏晋玄学之缘起是为了调和儒道之思想矛盾，弥合儒家崇"名教"和道家法"自然"之间的对立冲突。王弼"举本统末"的观念和方法，以"无"为本，试图以道家"自然"之说为本来融摄儒家的"名教"之旨。在魏晋易代的"时变"作用下，玄学会通儒道之旨趣也发生了变化。阮籍、嵇康持道家"自然""无为"之说对儒家"名教""德治"的虚伪进行了深刻的揭露和批判，使玄学的主调由儒道调和转向了以道抗儒。其后，裴頠提出"崇有论"思想，转而肯定儒家"名教"之合理性，以扭转玄学所致的"放浪形骸"之世风。阮籍、嵇康玄学和裴頠玄学，或执于道家"自然"之说，或偏向儒家"名教"立场，分别展现了"自然"与"名教"的合理意义，也十分深刻地反映了儒、道两家巨大的思想差异和难以调和的思想冲突。

郭象正是在充分明晰了"自然"和"名教"的合理意义基础上，向王弼玄学回归，以更高明的观念和方法来融合"自然"和"名教"，实现儒道和合为一的。"郭象一方面针对着阮籍、嵇康一派着眼于超越的玄学，指出现实是不能超越的；另一方面又针对着裴頠一派着眼于现实的玄学，指出现实是必须超越的。"[①]或如有论者指出的，郭象"在'名教'与'自然'之合理性精神淋漓尽显的基础上，试图在此'形同水火'的两极中取一动态平衡，真正将儒与道、名教与自然熔铸为一"[②]。也就是说，郭象玄学之主题仍未摆脱调和儒道的这个时代"先见"，其玄学之思想追求仍是要融合"名教"与"自然"，实现儒道的"和解"。

与王弼"举本统末"的玄学思想一样，郭象之所思也是要开创一种新的观念和方法来消解儒道"名教"与"自然"之间的对立与紧张，从而实现二者的和合为一。他注解《庄子》《论语》等经典文本，无非是要"发明"和"注解"其调和儒道的这套观念和方法。因此，要真正读懂郭象《论语体略》对《论语》的玄学化诠释，必先明其这样理解和诠释《论语》的问题意识和时代感受。这个问题

---

① 余敦康：《郭象的时代与玄学的主题》《孔子研究》1988年第3期。
② 郑治文：《文明对话与中国文化——以文明对话与儒学三期发展为中心的考察》，曲阜师范大学硕士学位论文，2013年。

意识和时代感受显然主要就是消解"名教"与"自然"之间的对立与紧张,实现儒道的和合为一,这是郭象理解和诠释《论语》的时代"先见"。

二、自生独化——郭象《论语》诠释表现和运用的基本观念和方法

儒学以"名教"为本,道家以"自然"为法,郭象欲实现儒道的和合为一,就必须如王弼那样"发明"一种能够消解二者对立冲突的观念和方法。王弼以"无"释"道",试图以本末体用的玄学思维方式来处理"自然"与"名教"的关系。在"举本统末"的观念下,"自然"与"名教"被界定为本与末、体与用的关系。王弼所谓的"举本统末",其基本所指就是以"自然"为本,以"名教"为末,其"名教出于自然"的思想不过是以"举本统末"的观念和方法推衍出来的必然结论。

与王弼的"发明"一样,郭象创造性地提出了"神器独化于玄冥之境"的重要命题,打破了王弼那种本末体用的思维方式,在更高的层次上实现了儒道的融合与会通。"独化于玄冥之境"是郭象"自生""独化"论的重要表述,它反映了郭象玄学的基本立场,"懂得此语也即懂得了向郭之学说。"[①]何以如此?如果把郭象自生独化论与调和儒道的时代主题联系起来看,我们就会发现,在"自生独化"的观念下,"名教"与"自然"已经完全没有了本末体用思维下"二元"分立的嫌疑,"名教即自然,自然即名教",它们彻底地融合为一了[②]。余敦康先生说:"郭象的'独化于玄冥之境'的命题概括了多层次的含义,把现象与本体、个体与整体、多元与一元、对立与统一之间的种种复杂的关系圆滑地解决了。"[③]王晓毅先生也指出:"郭象将'无待'与'有待'、'游外'与'经内'、'名教'与'自然'等魏晋时期表达'自由'与'必然'冲突的矛盾范畴,融合为一

---

① 汤用彤:《魏晋玄学论稿》,上海:上海古籍出版社,1998年版。
② 参阅张立文:《郭象的独化自生哲学》《黑龙江社会科学》2012年第3期;李佳:《从"独化论"到"名教即自然"——郭象玄学体系的逻辑演化》《南京林业大学学报》(人文社会科学版)2007年第3期。
③ 余敦康:《郭象的时代与玄学的主题》《孔子研究》1988年第3期。

体，完成了后人难以超越的高水平的折中解答。"①

"自生独化"，顾名思义，其主旨就是强调物之"自生"、物之"独化"，"自"和"独"充分说明一物之存在是不依恃其他任何"造物"者的。"上知造物无物，下知物之自造"，此之谓也。从"自生独化"的观念来看"名教"与"自然"、有与无，它们就不再是本末体用的"二元"关系，而是和合为一的关系。"名教"无须以"自然"为本，"自然"也非必要有"名教"之末。值得说明的是，郭象"自生独化"的思想主要是通过"注"《庄子》而提出和确立的，但这种观念和方法在《论语》的诠释过程中也得到了充分的表现和运用②。我们所谓郭象玄学化的《论语》诠释主要就是指其在注释《论语》的过程中表现和运用了这一观念和方法③。

《论语》作为反映儒家创始人孔子思想的重要经典文本，它主要体现了儒家重视礼乐教化、推崇德治民本（名教）的基本立场。在郭象"自生独化"的观念下来看，儒家圣王所推行的重德治、教化的"有为"政治不在如其本义那样是强调以礼乐道德来"化"人，而完全符合道家以"法自然"为依据的"无为而治"的要求。《论语》中孔子所谓的"为政以德"所表述的不在是儒家以道德价值理想来转化现实政治的德治思想，而分明是假托孔子来说明其"自生独化"的玄思。

子曰："为政以德，譬如北辰居其所，而众星拱之。"④

郭象注："万物皆得性谓之德。夫为政者奚事哉？得万物之性。故云德而已也。得其性则归之，失其性则违之。"⑤

"德者，万物皆得性也"。显然，"为政以德"已经非如其本义所是，而

---

① 王晓毅：《郭象评传》，南京：南京大学出版社，2011年版，第338页。
② 参阅王云飞：《郭象〈论语体略〉研究》，《广西社会科学》2013年第4期。
③ 唐明贵先生指出，郭象《论语体略》的一个重要特点就是"运用'独化'理论解释《论语》经义"。（唐明贵：《论语学史》，北京：中国社会科学出版社，2009年版，第224页。）
④ 《论语·为政》，杨伯峻译注：《论语译注》，北京：中华书局，1980年版。
⑤ 皇侃：《论语义疏》，儒藏精华编104册，北京：北京大学出版社，2007年版。

是被郭象"自生独化"的思想所玄化了。这种"玄化"的结果是，既护持了儒家"德治"的立场，又使其完全符合道家"自然""无为"的旨趣。由此也可以清楚地看出，郭象玄学《论语》诠释的"义解"特点，即，与其说是郭象注《论语》，毋宁说是《论语》在注郭象，尤其是在注解其"自生独化"的玄学思想。

此外，在郭象自生独化思想的"前见"下，《论语》中尧、舜、禹等圣王形象也不再是能够以礼乐道德来教化民众，而是能够做到"修常事而化成天下"。

子曰："禹，吾无间然矣。菲饮食，而致孝乎鬼神；恶衣服，而致美乎黻冕；卑宫室，而尽力乎沟洫，禹，吾无间然矣！"①

郭象注："尧、舜、禹相承，虽三圣故一尧耳。天下化成则功美渐去，其所因修常事而已，故史籍无所称，仲尼不能间，故曰'禹，吾无间然矣'。"②

在注释《论语》的过程中，郭象还明确地提出了"圣人无心"的思想。"圣人无心"的思想与上述"修常事而化成天下"的观点一致，表现了郭象对儒家圣人形象的玄学化理解。所谓"圣人无心"，就是指圣人能够做到"无心""修常事"使百姓能够"得其性"，实现自身的"自生独化"。

孔子曰："诺，吾将仕矣。"③

郭象注："圣人无心，仕与不仕随世耳。阳虎劝仕，理无不诺，不能用我，则我无自用。此直道而应者也，然免逊之理亦在其中也。"④

子曰："吾之于人也，谁毁谁誉？如有所誉者，其有所试矣。斯民也，三代之所以直道而行也。"⑤

郭象注："无心而付之天下者，直道也。有心而使天下从己者，曲法者也。故直道而行者，毁誉不出于区区之身，善与不善，信之百姓。故

---

① 《论语·泰伯》，杨伯峻译注：《论语译注》，北京：中华书局，1980年版。
② 皇侃：《论语义疏》，儒藏精华编104册，北京：北京大学出版社，2007年版。
③ 《论语·阳货》，杨伯峻译注：《论语译注》，北京：中华书局，1980年版。
④ 皇侃：《论语义疏》，儒藏精华编104册，北京：北京大学出版社，2007年版。
⑤ 《论语·卫灵公》，杨伯峻译注：《论语译注》，北京：中华书局，1980年版。

曰'吾之于人,谁毁谁誉。如有所与,必试之斯民也。'"①

与其"圣人无心"的思想一致,郭象在《论语》诠释中还明确提出了"圣人无诡教""圣人无事"的思想命题。其实,其所谓"圣人无诡教""圣人无事"之论,仍然是在强调"圣人"对百姓"自生""独化"的顺应,以使其可以自得其性。从下面郭象对《论语》的注释来看,我们很难说他还是在"注"《论语》,相反倒是在借《论语》来发挥其"自性""自生"的玄学主张。

> 子曰:"吾尝终日不食、终夜不寝以思,无益,不如学也。"②
> 郭象注:"圣人无诡教,而云不寝不食以思者何?夫思而后通,习而后能者,百姓皆然也。圣人无事,而不与百姓同事。事同则形同,是以见形以为己,唯故谓圣人亦必勤思而力学,此百姓之情也,故用其情以教之。则圣人之教,因彼以教彼,安容诡哉!"③

其实,郭象"圣人无心""圣人无事"的思想与其"自生独化"论密切相关,正是因为百姓亦是"自生独化",圣人才可以"无心"。"无心"就是顺应个体固有的必然性,任其"自生独化"。在"自生独化""圣人无心"的观念前提下,《论语》中尧舜"安百姓"的"有为"政治被理解为了"必有病"之举,因为"万物自无为而治",百姓本亦是自化、自安的,就像"天之自高,地之自厚"。

> 子路问君子。子曰:"修己以敬。"曰:"如斯而已乎?"曰:"修己以安人。"曰:"如斯而已乎?"曰:"修己以安百姓。修己以安百姓,尧、舜其犹病诸!"④
> 郭象注:"夫君子者不能索足,故修己者索己。故修己者仅可以内敬

---

① 皇侃:《论语义疏》,儒藏精华编104册,北京:北京大学出版社,2007年版。
② 《论语·卫灵公》,杨伯峻译注:《论语译注》,北京:中华书局,1980年版。
③ 皇侃:《论语义疏》,儒藏精华编104册,北京:北京大学出版社,2007年版。
④ 《论语·宪问》,杨伯峻译注:《论语译注》,北京:中华书局,1980年版。

其身，外安同己之人耳，岂足安百姓哉？百姓百品，万国疏风，以不治治之，乃得其极。若欲修己以治之，虽尧、舜必病，况君子乎？今见尧、舜非修之也，万物自无为而治，若天之自高，地之自厚，日月之明，云行雨施而已，故能夷畅条达，曲成不遗而无病也。"①

显然，这里，郭象更看重的是"修己以敬"和"修己以安人"两说，而对"修己以安百姓"之论颇有微词。从上述内容来看，郭象所谓"修己者仅可以内敬其身，外安同己之人"的说法，仍是在借诠释《论语》来表达其"自生独化"的思想。《论语》中所谓"修己以敬"、"修己以安人"被理解为是对人之"自生自性"的尊重与因循，而失却了其本来的意义。

以上郭象对《论语》中"为政以德""修己以敬"、"修己以安人"等说法和尧舜等圣王形象的理解是以其自生独化论作为观念前提的。在自生独化论的"先见"下，儒家的德治被理解为是使人皆"得其性"，这不仅没有完全否定儒家的"名教"立场，又使其也完全合乎道家"自然""无为"的要求。从其"自生独化"的观念和方法下的《论语》诠释来看，郭象所谓"德者，万物皆得其性"的论说显然是将儒家的德治思想与道家"自然""无为"的精神融合为一体了，"名教"与"自然"已经完全没有了王弼本末体用思维的那种"二元论"的思想痕迹。这种使儒道和合为一的完美理解和诠释，表征着郭象对魏晋时期调和儒道的时代问题的创造性回应和思考，也昭示着魏晋玄学的"集成"和"造极"。正如汤一介先生所言："魏晋玄学发展到郭象已达到了顶点，其所要解决的'本末有无'的问题，调和'自然''名教'问题，'齐一儒道'问题，等等。在郭象的哲学体系里可以说是已经解决了。"②

三、以"性"言"德"——郭象《论语》诠释的本体诠释意蕴

自生独化是郭象为和合儒道、圆融"名教"与"自然"而提出的玄学观念。

---

① 皇侃：《论语义疏》，儒藏精华编104册，北京：北京大学出版社，2007年版。
② 汤一介：《郭象与魏晋玄学》（增订本），北京：北京大学出版社，2000年版。

就郭象玄学的体系化建构而言，它还需要回应一个更为关键的问题，即万物何以能够自生而独化。为缝合这一理论缺陷，郭象还提出了"自性"和"无心"的思想主张。郭象"性"本论从形而上学的高度回答了万物何以自生独化的问题。具体而言，在郭象玄学体系中，作为本体存在的"性"处于理论奠基的根本地位。王晓毅先生说："作为本体存在的'性'，在郭象哲学体系中居核心与枢纽地位，与其他哲学范畴之间的关系，犹如车轮的轴心与辐条，或者说，郭象全部哲学范畴和命题，都是从'本性'衍生出来的。"①正因有此"自性""本性"的奠基性观念才能推出郭象自生独化的思想，其由此也才能从根本上圆融"名教"与"自然"，实现儒道的和合为一。

万物皆各有其"自性"，有此"性"而万物皆能自生而独化。郭象所谓"圣人无心"就是指圣人能够尊重物之"自性"，任其自生而独化，顺应其所固有的必然性。从"性"本论到"自生独化"论和"圣人无心"论，郭象玄学的体系化建构可见一斑。或如有论者分析指出的，郭象哲学的核心范畴是"独化"，"独化"的主体是"性"。"性"意味着一种必然性，与此必然性相联系，郭象哲学十分重视"无心"。"无心"即顺应个体固有的必然性②。

郭象玄学《论语》诠释中不仅表现和运用了自生独化的观念和方法，也充分体现了以"性"释礼乐、道德的本体论思维。郭象《论语》诠释中本体论思维和方法的运用，也决定了其《论语》诠释的本体诠释意蕴。在"性"本体的观念下，《论语》中孔子"为政以德""导之以德"的所谓"德"被赋予了"得其性"的意义。按照郭象"性"本体论的"先见之明"，"为政以德""导之以德"被理解为是对物（人）之"性"的尊重与因循，而非如其本义那样强调以礼乐、道德来教化人。显然，这里郭象并没有直接否定儒家的德治、名教的立场，而只是强调"为政"的目标是使人皆"得其性"，从而符合道家"自然""无为"之本旨。

郭象通过对《论语》中"德""礼"的重要概念的理解，表达了其"性"本

---

① 王晓毅：《郭象"性"本体论初探》，《哲学研究》2001年第9期。
② 李昌舒：《自然与自由——论郭象哲学之"性"》，《中国哲学史》2005年第3期。

体论的思想主张。换言之，郭象以"性"释"德"（以情释礼），是以其"性"本论作为观念前提的①。以下，从郭象对《论语》中"政""刑""德""礼"的理解和诠释，不难发现这点。

子曰："道之以政，齐之以刑，民免而无耻。道之以德，齐之以礼，有耻且格。"②

郭象注："政者，立常制以正民者也。刑者，兴法辟以割制物者也。制有常则可矫，法辟兴则可避。可避则违情而苟免，可矫则去性而从制。从制外正而心内未服，人怀苟免则无耻于物。其于化不亦薄乎？故曰'民免而无耻'也。德者，得其性者也。礼者，体其情也。情有所耻，而性有所本。得其性则本至，体其情则知耻。知耻则无刑而自齐，本至则无制而自正。是以导之以德，齐之以礼，有耻且格。"③

这里，郭象通过对《论语》"政"、"刑"、"德"、"礼"四个概念的注释，充分表达了其"性"本体论的核心主张。"政者，立常制以正民者也"；"德者，得其性者也"；"礼者，体其情也"从正面强调"正民"的关键在于"立常制"而使民"得其性""体其情"（自正）。所谓"刑者，兴法辟以割制物者也"，则是通过对"制物者"的批判，从反面论证了使物"得其性"，反对"制物"的重要思想。通过这样的理解和诠释，儒家以政、刑、德、礼等为核心的"名教"立场与道家"自然""无为"的主张并行不悖，完全相融了。

从上述内容来看，郭象的《论语》注显然主要不是如历史文本之本义那样来"注"《论语》，而是其从魏晋"先见"出发，借"注"《论语》来阐发其玄学思想以回应调和儒道之时代问题。由此，郭象玄学《论语》诠释的主要特点就是不着眼于对字词的"训解"，而是侧重以《论语》之思想资源来发挥其"自生独化"

---

① 王云飞：《郭象〈论语体略〉研究》，《广西社会科学》2013年第4期。
② 《论语·为政》，杨伯峻译注：《论语译注》，北京：中华书局，1980年版。
③ 皇侃：《论语义疏》，儒藏精华编104册，北京：北京大学出版社，2007年版。

的主张和"性"本体论思想。诚如闫春新先生所认为的:"郭象不仅更少地使用字词训诂,而且有意识地以发挥《论语》思想与阐发、引出自身理论为其指导原则,将其'性'本体论和自然无为思想作为其诠释《论语》的主要内容,并通过运用辨明析理的诠释方法,对儒家的伦理观念、范畴乃至政治道德命题,完全进行了老庄式的改造,使得《论语》文本在其注解和阐释下,彻底成为玄学经典。"[①]就王弼以"性"释"德",以"性"本体论思想作为诠释《论语》的主要内容而言,其玄学《论语》诠释的本体诠释意蕴是十分明显的。

---

① 闫春新:《魏晋南北朝"论语学"研究》,北京:中国社会科学出版社,2012年版。

第三章 宋明理学视域下的《论语》诠释
——以朱熹、王阳明为例

宋明理学是儒家在佛道二教的挑战下,通过对汉唐经学、儒学的批判反思,向先秦孔孟儒学回归而建构的又一种儒学新范式。宋明理学之所以异于汉唐儒学,乃在于其以儒为本,整合了三教的思想资源;实现了儒家经学范式由重章句训诂(训解)向重义理发明(义解)的转型,以及儒家经典体系由"五经"向"四书"的转轨。正如朱汉民等指出的,宋明理学主要是宋明儒者依托对"四书"的创造性诠释而建构的,宋代"四书学"与理学发展呈现平行共进的特点[1]。当然,最为重要的是,理学通过对"性命天道"的探讨、对"天理世界"的追寻,提升了儒学的超越精神,确立了儒家的形上本体意识。就宋明理学家以"四书"(《大学》《论语》《孟子》《中庸》)为中心的经典诠释而言,它们是理学家在回应佛道二教挑战、提升儒学超越精神的时代"先见",以及以"理""气""心""性"本体[2]为核心的理学思想体系的观念"先见"下进行的。以下我们主要以朱熹、王阳明的《论语》诠释为例,说明理学化的《论语》诠释的重要特点和精神。当然,何以要以朱熹、王阳明的《论语》诠释为例来说明理学化《论语》诠释的特点和精神,我们需要有一番详细的说明。

在宋明时期儒学复兴的强势思潮下,中国学术主潮实现了从汉唐经学向宋明理学的转变,中国经学也由此出现了"汉学"和"宋学"的分野。一般说来,"汉学"偏重章句训诂、名物制度;而"宋学"偏重义理阐发、发挥己意。当然,从汉唐经学到宋明理学的转变,除了经典诠释方式的革新外,儒家经典系统也出现了从"五经"到"四书"的偏重。在这种学术背景下,《论语》学的发展迎来了

---

[1] 朱汉民,肖永明:《宋代〈四书学〉与理学》,北京:中华书局,2009年版。
[2] 向世陵:《理气性心之间——宋明理学的分系与四系》,北京:人民出版社,2008年版。

又一个高峰,并且,"宋学"视域下的《论语》学出现了颇不同于汉注《论语》的许多新特点。宋明理学思潮下的《论语》诠释普遍具有"宋学"的那种重义理阐发和发挥己意的特点。从宋代至明代,涌现出了许多《论语》诠释的经典作品,比如宋代邢昺的《论语注疏》、程颐的《论语解》、朱熹的《论语集注》、明代刘宗周的《论语学案》等。当然,许多理学家虽没有注解《论语》的专门著述,然他们对《论语》中部分思想话语的理解也颇能反映出理学化的诠释特色,比如张载、陆九渊、王阳明等。那么,在这些众多的《论语》诠释作品中,我们为什么要专以朱熹、王阳明为例来说明宋明理学《论语》诠释"六经注我"的哲学化诠释特点呢?

众所周知,宋明理学是自宋而明(事实上发展到了清代)的学术思潮,宋代理学以朱熹为中心,而明代理学则以王阳明为中心。就朱熹、王阳明在宋明理学发展史上的代表性地位而言,我们以朱熹《论语集注》和王阳明《传习录》等作品中对《论语》的心学化解读为例,来说明宋明理学视域下《论语》诠释"六经注我"的诠释特点的问题无疑是一条可取的重要"捷径",毕竟本选题的论旨主要是充分展现理学化《论语》诠释的"六经注我"的哲学诠释特点,而不是对宋明《论语》学的专门研究。因此,我们所应突出的是理学《论语》诠释的"典型性""特殊性",而非宋明《论语》学发展的"完整性"和"连贯性"。当然,对于"宋学"视域下的《论语》诠释的重要作品,尤其是理学视域下的其他《论语》诠释作品,我们这里还是有介绍和说明的必要。

当然,我们这里首先需要明确,"宋学"视域下的《论语》学并不完全等同理学视域下的《论语》学,正如蔡方鹿先生指出的,"宋学"是义理化的经学而"理学"则是哲理化的经学[①],"理学"是在"宋学"基础上实现的哲理化的转进和提升。就"论语学"的发展而言,"宋学"视域下的《论语》诠释具有偏重义理阐发的特点,而"理学"视域下的《论语》诠释除了"宋注"《论语》偏重义理阐发的

---

① 蔡方鹿:《中国经学与宋明理学》,北京:人民出版社,2011年版。

特点外，更注重以理学化的思想"先见"对《论语》进行哲理化的新解读，充分体现了"六经注我"的诠释特点。就此而言，刑昺的《论语注疏》作为"开宋学风气之先"的著作，我们当肯定其作为"宋注"《论语》典范之作的地位，然它却并没有理学《论语》诠释的哲理化解读的特点。对于《论语注疏》，清代"四库"馆臣评价曰："今观其书，大抵翦皇氏之枝蔓，而稍傅以义理，汉学、宋学，兹其转关。是《疏》出而皇《疏》微，迨伊洛之说出而是疏又微。故《中兴书目》曰：'其书於章句训诂名物之际详矣'，盖微言其未造精微也。然先有是《疏》而后讲学诸儒得沿溯以窥其奥。祭先河而后海，亦何可以后来居上，遂尽废其功乎？"周中孚也评价说："其荟萃群言，创通大义，已为程、朱开其先路矣。"[①] 无疑，刑注《论语》黜皇注《论语》之玄虚，开程、朱之先路，是"汉学、宋学兹其转关"的典范之作。然就以《论语》文本作为思想资源来发明己意、建构自己的理学思想体系而言，要体现出"六经注我"的哲学诠释的特点这一要求，刑昺《论语注疏》显然并不属于这样的诠释作品。

　　在严格的意义上，真正以理学思想"先见"对《论语》进行理学化解读的第一部作品应该是程颐的《论语解》。《论语解》是奠定程朱理学坚实基础的理学家程颐带着理气心性的理学思想观念对《论语》文本进行理学化诠释的重要作品。唐明贵先生提出："程子的《论语解》，在'论语学'发展史上，起到了承上启下的作用，它把'论语学'推向义理化、本体化，为理学提出了一系列的命题和范畴，这不仅为后来儒者深化这些范畴和命题打下了基础，同时对理学体系的建构做出了贡献。"[②] 在《论语解》中，程颐借对《论语》中的思想话语的诠释，充分"发明"了其理学思想体系中的"理"本体论，以及"天地之性"和"气质之性"二分的人性论等重要主张。比如，对于《论语》中的"仁"，程颐解释曰："仁者天下之正理。失正理，则无序而不和。"[③] 此外，程颐还在《论语解》中提出了"仁

---

① 周中孚：《郑堂读书记》。
② 唐明贵：《论语学史》，北京：中国社会科学出版社，2009年版。
③ 朱熹：《四书章句集注》，北京：中华书局，1983年版。

第三章 宋明理学视域下的《论语》诠释——以朱熹、王阳明为例

之体"的重要命题,从而把"仁"提到了"与天地万物一体"的高度来立言,赋予了"仁"以天理本体的意蕴。他说:"医书言手足痿痹为不仁,此言最善名状。仁者,以天地万物为一体,莫非己也。认得为己,何所不至;若不属己,自与己不相干。如手足之不仁,气已不贯,皆不属己。故'博施济众',乃圣人之功用。仁者难言,故止曰:'己欲立而立人,己欲达而达人,能近取譬,可谓仁之方也已'。欲令如是观仁,可以得仁之体。"①另外,借鉴张载"天地之性"与"气质之性"的人性论主张化为己用,是程朱理学建构的重要思想环节,这种尝试是由程颐开其先,而为朱熹所着力发挥的。在《论语解》中,通过对《论语》中孔子所谓"性相近也,习相远也"的说法的解读,程颐明确地阐发了"天地之性"和"气质之性"二分的人性论主张。其言曰:"此言气质之性。非言性之本也。若言其本,则性即是理,理无不善,孟子之言性善是也。何相近之有哉?"②

程颐《论语解》中理学"理"本体论和"天地之性"与"气质之性"二分的人性论观念下对《论语》思想话语的诠释,其重要论说多为其后学朱熹所继承和整合。宋代理学发展史上"程朱"并称所指的正是程颐和朱熹之间这种学脉延续。具体就《论语》诠释而言,这种学术传承关系亦是十分明显地表现了出来。由于程颐《论语解》对《论语》理学化解读的重要思想成果多体现于朱熹的《论语集注》之中,因此,对《论语解》我们不单独进行系统研究,而是在说明朱熹《论语集注》的理学化诠释特色时适当有所兼顾和说明。

如果说,朱熹是宋代《论语》学发展的中心的话,那么,王阳明当是明代《论语》学发展的又一个中心。尽管王阳明本人并没有朱熹《论语集注》那种注解《论语》的专门著述,然其《传习录》等著作中对《论语》解读的思想内容亦是十分丰富的。与朱熹《论语集注》对《论语》的理学(狭义)观念"先见"下的解读不同,王阳明对《论语》的诠释是为了充分说明和捍卫其心学的基本思想立场。由此,本章我们特以王阳明为代表来展现明代理学、王阳明心学学术语境中的《论

---

① 朱熹:《四书章句集注》,北京:中华书局,1983年版。
② 朱熹:《四书章句集注》,北京:中华书局,1983年版。

语》诠释特色。就朱注《论语》和王注《论语》相比较而言，朱注《论语》是朱熹在其"性即理"为核心的理学观念"先见"下对《论语》的理学（狭义）化解读，而王注《论语》则是王阳明在其"心即理"（致良知）为核心的心学观念"先见"下对《论语》的心学化理解。

以宋代理学发展的中心人物朱熹和明代理学发展的中心人物王阳明对《论语》的注释为主要代表来说明和展现宋明理学视域下《论语》诠释的"六经注我"的哲学化诠释特点，是本章的主要内容所在。

第一节 朱熹的理学《论语》诠释及其本体诠释意蕴

朱熹理学思想体系的架构与其对"四书"的创造性理解和诠释是密不可分的。朱熹的《四书章句集注》是理学经学的诠释作品中最为重要的代表之一，它极其充分地表现了理学经学的诠释特点。就《论语集注》而言，它是朱熹在追问"性命天道"，提升儒家超越精神，回应佛道二教挑战的时代"先见"，以及和合本体、心性、工夫的理学思想体系的观念"先见"下对《论语》文本做出的创造性理解。在这种时代"先见"和观念"先见"下，朱熹注释《论语》到处塞入"理"字，充分体现了其《论语》诠释的"理学化"特色。"理""天理"是朱熹理学的本体论范畴，朱熹在这种"理"本体论观念和方法下对《论语》的诠释，决定了其《论语》诠释的本体诠释意蕴。

一、"性命天道"的追问 —— 朱熹《论语》诠释的宋代"先见"

宋明理学是中国儒学发展史上继先秦儒学、汉唐儒学之后的又一种儒学新范式。宋明理学的形成和发展，既与唐宋以后中国经济社会的变革有关，又是中国儒学发展的内在逻辑使然。就儒学发展的内在脉络而言，理学的出现与儒学和释老二教之争鸣与对话紧密相关。自汉末以来，社会动荡、国家纷乱，使汉儒董仲舒确立起来的以"天人感应""三纲五常"为核心的汉型儒学体系逐步松动，而此一时期佛、道乘势而起，对儒学的文化精神造成了巨大冲击。由此，从汉末至唐宋，中国文化发展呈现出一种儒、释、道争鸣与对话的纷乱格局。在与佛道的交锋中,儒家"蔽于人而不知天"(张载语),专言礼制道德、"罕言性与天道",缺乏超越期向、终极关怀的弊端暴露无遗。宋明理学之兴起,正是要弥补此前儒学精神的缺失,在"性与天道"的问题上多所用力,提升儒学的超越精神,从而达到力辟佛道、复兴儒学之目的。即,"先秦儒学强调在日用伦常上规范并践履道德行为,而罕言天(天道),降至宋明理学,却着重探讨这种道德行为的形上根据。"①

作为理学的集大成者,朱熹理学的建构也应纳于此种学术史的视野下去考察。也就是说,朱熹理学的主要问题意识、时代感受,就是要为儒家的道德精神确立一个终极依据,在礼制道德所规范的现实世界之上去追寻一个超越的世界,从而与佛道的宗教精神相抗衡。作为朱熹理学体系建构的重要一环,其对《论语》的注解和诠释也自当在此时代"先见"下去研究和把握。简言之,朱熹《论语》诠释的时代"先见"就是"出入佛道,返回六经",发挥和创新《论语》、孔子的思想资源,重新建构好言"性与天道"、具有强烈的超越精神和终极意识的新儒学思想体系。

言至此,我们不禁要问,先秦儒学、汉唐儒学范式下的儒学思想为什么超越精神淡薄、难以抗衡佛道呢?这要从先秦、汉唐儒学的思想特征说起。对于先秦至汉唐之间的儒学,程志华先生将之概括为是"实存道德描述形态"下的儒学。这一时期的儒学主要以对实存道德的描述和对道德理想的设计为特征,"在根本上是非玄思的,而是实存描述的;是非本体抽象的,而是道德实践的"。②在我们看来,以"实存道德描述形态"来概括先秦至汉唐间儒学的精神特质是颇得其要领的。众所周知,从孔子到董仲舒构成了先秦至汉唐间儒学发展的主要线索,从孔子、董仲舒代表的儒学范式来看,它们确乎多停留在了"实存道德描述"的水平上。

首先,孔子儒学主要表现为一种"仁和礼"统一的架构,孔子讲"礼乐孝悌"、

---

① 王丽梅:《论佛学在宋明理学形成与发展中的作用与地位》《青海社会科学》2006年第5期。
② 程志华:《"中断性"语境下的儒学发展"三期说"》《学习论坛》2006年第10期。

讲"为政以德",其所重者乃是在现实世界之中实现精神境界的升华。据《论语》载:

> 子曰:"仁远乎哉?我欲仁,斯仁至矣。"
>
> 子曰:"人能弘道,非道弘人。"
>
> 颜渊问仁。子曰:"克己复礼为仁。一日克己复礼,天下归仁焉!为仁由己,而由人乎哉?"颜渊曰:"请问其目。"子曰:"非礼勿视,非礼勿听,非礼勿言,非礼勿动。"颜渊曰:"回虽不敏,请事斯语矣!"①

在现实生活的一言一行中"克己复礼",从而赋予自我生命之道德意义,孔子儒学之主体精神由此可见一斑。至于"鬼神""死亡""来世"所代表的那个超验世界,孔子是不好言之的。对于心性论的问题,孔子也只是一略而过,未做深究。据《论语》载:

> 季路问事鬼神。子曰:"未能事人,焉能事鬼?"敢问死。曰:"未知生,焉知死?"
>
> 子贡曰:"夫子之文章,可得而闻也;夫子之言性与天道,不可得而闻也。"
>
> 子曰:"性相近也,习相远也。"②

自孔子创立儒学开始就不注重对"性与天道"的追问,而只好言"礼乐德治"的问题。梁启超曾说:"原来儒家开宗的孔子不大喜欢说什么'性与天道',只是想从日用行为极平实处陶养成理想的人格。"③或许正是有鉴于此,黑格尔也才会说:"孔子只是一个实际的世间智者,在他那里思辨的哲学是一点也没有的——只有一些善良的、老练的、道德的教训。"④正因为孔子儒学这种偏重道德教

---

① 《论语·述而》《论语·卫灵公》《论语·颜渊》,杨伯峻译注:《论语译注》,北京:中华书局,1980年版。
② 《论语·先进》《论语·公冶长》《论语·阳货》,杨伯峻译注:《论语译注》,北京:中华书局,1980年版。
③ 梁启超:《中国近三百年学术史》,北京:东方出版社,1996年版。
④ 黑格尔:《哲学史讲演录》(第一卷),北京:商务印书馆,1996年版。

训和政治实务的特质,使儒家文化在社会政治领域内占有不可替代的优势,然至于心性论之精微以及对个体生命的关怀,则又有不得不逊色于佛道(尤其是佛教)二教者。诚如陈寅恪的名论所是:"儒者在古代本为典章学术所寄托之专家。李斯受荀卿治学,佐成秦治。秦之法制实儒家一派学说之所附系。《中庸》之'车同轨,书同文,行同伦',为儒家理想之制度,而于秦始皇之身而得以实现之也。汉承秦业,其官制法律亦袭用前朝。遗传至晋以后,法律与礼经并称,儒家周官之学说悉采入法典。夫政治社会一切公私行动莫不与法典相关,而法典为儒家学说之具体之实现。故二千年来华夏民族所受儒家学说之影响最深最巨者,实在制度法律公私生活之方面;而关于学说思想之方面,或转有不如佛道二教者。"①

其次,董仲舒所代表的汉代儒学也不过只是实现了儒学的政治化、法家化改造,实现了儒学的经学化开展,从而使其更符合秦汉以后大一统的集权政治的要求,然而儒学所欠缺的"性与天道"的重要一环却并没有补上。董仲舒之学以"屈民而伸君,屈君而伸天"②为基本精神,以"天人感应""三纲五常"为主要内容。其中,"三纲五常"(尤其是"三纲")之说是其能够被奉为官学的重要原因,而"天人感应"之说只不过是粗糙的神学目的论而已。一方面,董仲舒率先把"三纲"与"五常"熔铸为一体,构成了完整的封建道德体系,为社会关系编制了上下、左右、纵横交错的秩序网络,从而为中国传统社会建构了一个完整而系统的社会秩序与行为规范③。另一方面,当汉末以后这种粗糙的神学与佛道尤其是佛教的精微教义相遇时,儒学着即就败下阵来。"汉魏以降,在与佛道长期的争鸣竞逐中,'实存道德描述形态'下的儒学,其形上超越精神缺失的弱点暴露无遗;乏于抽象之哲思,既经不住玄风吹拂,又挡不住般若妙智的冲击;宗教超越精神淡漠,既不足于与道教羽化飞仙、长生久视之道相论争,更难于与佛教因果报应、生死

---

① 陈寅恪:《冯友兰中国哲学史下册审查报告》,《金明馆丛稿二编》,北京:生活·读书·新知三联书店,2001年版。
② 曾振宇,傅永聚:《春秋繁露新注》,北京:商务印书馆,2010年版。
③ 傅永聚,任怀国:《儒家政治理论及其现代价值》,北京:中华书局,2011年版。

轮回之说相抗衡。"①由此,"以儒治国"尚可,"治身""治心"只能让位于佛、老二教。正如宋志明先生所指出的:"经学形态的儒学,主要是一种政治哲学,而不是人生哲学。这样的儒学在政治生活中占有明显的优势,而在精神生活领域却不占有优势。它可以发挥'以儒治国'的功能,却难以收到'治心'和'治身'的功能,因而在精神生活领域中,经学无法同佛道二教抗衡。"②正因为如此,"纷纷儒林士,章句以为贤。问之性命理,醉梦俱茫然"。③儒学式微,势所必然,"儒门淡薄,收拾不住,皆归释氏"④。

从中唐的韩愈、李翱开始,儒学阵营内的思想家就开始了力辟佛道、复兴儒学的探索,由此儒学发展史上的理学思潮就此发端了。从中唐开始一直到明清,理学虽绵延几个世纪,人物众多、流派纷呈,然理学之为理学者也有一个总的思想基调,那就是好言"性命天道",追寻"天理世界",提升儒学的超越精神,确立儒学的形上本体意识。或如傅永聚、郑治文所言:"宋明儒学之所以远迈汉唐儒学,理学之为理学,就在于对形上超越之'天理世界'的开拓与守护。"⑤张学智也说:"宋明理学的成立对儒家关于超越性问题理解的提升具有决定性意义。"⑥

作为理学的集大成者,朱熹的理学精神也自当在此总基调下去把握。就其《论语》诠释而言,朱熹《论语》诠释中的时代"先见",正是要追问"性命天道",提升儒学的超越精神和形上本体意识。丁为祥指出,在中国儒学发展史中,宋明

---

① 郑治文:《文明对话与中国文化——以"文明对话与儒学三期发展"为中心的考察》,济南:山东人民出版社,2016年版。
② 宋志明:《论宋明理学的成因和变迁》《吉林大学社会科学学报》2009年第6期。
③ 《简彪汉民》《胡宏集》,北京:中华书局,1987年版。
④ 《宗门武库》载:"王荆公一日问张文定公,曰:孔子去世百年,生孟子,后绝无人,何也?"文定公曰:"岂无人?亦有过孔孟者。"公曰:"谁?"文定公曰:"江西马大师、坦然禅师、汾阳无业禅师、雪峰、岩头、丹霞、云门。"荆公闻举,意不甚解,乃问曰:"何谓也。"文定曰:"儒门淡泊,收拾不住,皆归释氏焉。"公欣然叹服,后举似张无尽,无尽抚几叹曰:"达人之论也。"
⑤ 傅永聚,郑治文:《形中"生活儒学"与儒学的重构》《文史哲》2014年第3期。
⑥ 张学智:《宋明理学中的"终极关怀"问题》《中国社会科学》2016年第9期。

理学以其形上本体意识著称。"这种形上本体意识既不是汉唐儒学自我生成的，也不是直接借取古人（比如先秦儒学）的智慧而自然形成的，而是通过'出入佛道'——充分借鉴佛道超越的形上智慧，然后'返于六经'——通过对儒家经典的重新解读与重新诠释才得以形成的。"①无疑，朱熹回归孔子、重探《论语》，正是要假借《论语》诠释，形成和确立儒家的形上本体意识。从"六经注我"的诠释定向来看，我们可以说，朱熹《论语》诠释的"我"（时代先见）就是要形成和确立儒家的形上本体意识。由此，解读朱熹的《论语集注》，就应该在这种时代"先见"下去把握。

二、本体·心性·工夫——朱熹理学观念"先见"下的《论语》诠释

作为理学"集大成"式的人物，朱熹的主要理论贡献在于整合北宋诸子（周张二程等）之学，构筑了一个"和合本体、心性、工夫"的系统完整的理学体系。在本体论上，朱熹学说的核心命题是"性即理"；在心性论上，朱熹则继承发展了张载之说，明分了"天地之性"与"气质之性"；在工夫论上，则是提出了"穷理灭欲"的基本主张②。从朱熹理学的思想精神来看，朱熹所谓的"论语集注"似乎不是在"注"《论语》而是将《论语》中的话语"转化"成了注解其理学立场的思想资源，如此便可以证明其理学义理精神是"古已有之"的圣人本意。正如有论者指出的："他（朱熹）借助《论语》诠释发挥儒家学说，论述了理、性、命、心等哲学范畴，并加以阐释发挥，建构了颇具时代特色的包括本体论、心性论和工夫论在内的较为系统、完整的理学思想体系。"③

从朱熹理学"和合本体、心性、工夫"的主体精神和体系架构来看，其《论语集注》中的许多注解颇能反映出孔子、《论语》被朱熹理学化这一基本事实。

---

① 丁为祥：《宋明理学形上本体意识的形成及其意义》《陕西师范大学学报》（哲学社会科学版）2014年第3期。
② 郑治文：《文明对话与中国文化——以"文明对话与儒学三期发展"为中心的考察》，济南：山东人民出版社，2016年版。
③ 唐明贵：《朱熹〈论语〉诠释研究》《海岱学刊》2014年第1辑。

这主要表现在：

其一，"性即理"的本体论观念下对《论语》的诠释。比如，对于《论语·公冶长》篇"夫子之文章，可得而闻也；夫子之言性与天道，不可得而闻也。"① 一语，朱熹注曰：

> 文章，德之见乎外者，威仪文辞皆是也。性者，人所受之天理；天道者，天理自然之本体，其实一理也。言夫子之文章，日见乎外，固学者所共闻；至于性与天道，则夫子罕言之，而学者有不得闻者。盖圣门教不躐等，子贡至是始得闻之，而叹其美也。程子曰："此子贡闻夫子之至论而叹美之言也。"②

从《论语》本义来看，"夫子之言性与天道，不可得而闻也"是指孔子很少提及"性"与"天道"，"性"与"天道"在《论语》中分明是两件事，却被朱熹完美地"诠释"成了"性即理"的思想。"性即是理""性"与"理"成了同一性的概念。正如钱穆先生评价朱熹的注释所说的："此章子贡明称'不可得而闻'，而程子必谓其乃闻而叹美之。朱子又阐释程子之言，谓教不躐等，子贡至是乃使闻之，皆非论语原意……性与天道，子贡明明分作两项说，而朱子之注则合为一事，谓其实一理也……此皆显与论语原意不合。"③ 可见，朱熹并不是在诠释《论语》中"性与天道"的本义，而是假借《论语》"性与天道"之说来"注解"其"性即理"的本体论观念。正是因为《论语》中"性与天道"之说恰巧可以作为朱熹发挥其"性即理"的本体论观念的重要思想资源，朱熹才会引程子之说而以为"此子贡闻夫子之至论而叹美之言也"。由此，《论语》中子贡所谓"子罕言性与天道"，原意明明就是指孔子很少谈及性与天道，这里却被朱熹视为体现"性即理"观念的"至论"。

此外，朱熹还以"理"来解释《论语》中的"仁""天"等概念，将"仁""天"

---

① 《论语·公冶长》，杨伯峻译注：《论语译注》，北京：中华书局，1980年版。
② 朱熹：《四书章句集注》，北京：中华书局，1983年版。
③ 钱穆：《孔子与论语》，台北：联经出版事业有限公司，1991年版。

等概念纳入了"理"的本体的观念下，从而也赋予了其本体论的内涵。

朱熹在解释《论语·八佾》"王孙贾问曰"章"获罪于天，无所祷也"一句时，就直接把"天"解释为"理"，他说："天，即理也；其尊无对，非灶之可比也。逆理，则获罪于天矣。"① 在《朱子语类》卷二十五《论语七》中，朱熹对此还予以了进一步的阐释：

> 周问："'获罪于天'，《集注》曰：'天即理也'。此指获罪于苍苍之天耶，抑得罪于此理也？"曰："天之所以为天者，理而已。天非有此道理，不能为天，故苍苍者即此道理之天，故曰：'其体即谓之天，其主宰即谓之帝。'如'父子有亲，君臣有义'，虽是理如此，亦须是上面有个道理教如此始得。"②

经过这种诠释，《论语》中"天"的意义变成了"理"，"获罪于天"也被赋予了"逆理"的内涵，由此，朱熹将《论语》中"天"的范畴纳入了其理本体的观念下。"通过这种方式，一方面使传统的'天'范畴被纳入了理学轨道，而另一方面，也是更为重要的，通过这种解说，'理'也成为与'天'处于同一层次、可以彼此置换的范畴，具有了与'天'同等的地位，'天理'范畴亦由此确立。"③ "天"即是"理""理"即是"天"，通过这种诠释，《论语》中的"天"被赋予了本体论的含义，而朱熹理学的核心范畴——"天理"也由此确立起来。

从朱熹理本体论观念下的《论语》诠释来看，它也清楚地表现了诠释者（"我"）与经典文本（"六经"）之间复杂的互动过程：一方面，"性与天道""天"被赋予了"性即理""天理"的本体论内涵，拓展了《论语》的意义空间④；另一方面，《论语》中"性与天道""天"等话语也变成了"注解"朱熹理学本体论观念的

---

① 朱熹：《四书章句集注》，北京：中华书局，1983年版。
② 黎靖德：《朱子语类》，北京：中华书局，1994年版。
③ 朱汉民、肖永明：《宋代〈四书〉学与理学》，北京：中华书局，2009年版。
④ 当然，从经典诠释面向文本（"我注六经"）的定向来看，朱熹很明显是在曲解《论语》；但承认这种事实不等于可以轻易否定朱熹"注"《论语》的学术价值，恰恰相反，应该在经典诠释面向现实（"六经注我"）的定向下对这种哲理创新予以肯定。对此，在王弼、郭象、王阳明、梁漱溟、李泽厚等的《论语》诠释中都涉及这个问题，这里特作统一说明。

重要思想资源，由此确立了"性即理""天理"的核心范畴。

其二，"天地之性"与"气质之性"的心性论观念下对《论语》的诠释。将"性"分为"本然之性"与"气质之性"是张载的思想创造，作为先秦的经典文献《论语》中虽也言"性"，但断无这种"一性二分"的观念。朱熹理学特别推崇张子之说，并以此作为其心性论的基本主张。朱熹《论语集注》中也多可看见其本于"天地之性"与"气质之性"的心性论观念对《论语》的诠释。比如，《论语》中提及"性"的主要是《论语·阳货》篇所载的"子曰：性相近也，习相远也。"对此，朱熹注曰：

> 此所谓性，兼气质而言者也。气质之性，固有美恶之不同矣。然以其初而言，则皆不甚相远也。但习于善则善，习于恶则恶，于是始相远耳。程子曰："此言气质之性。非言性之本也。若言其本，则性即是理，理无不善，孟子之言性善是也。何相近之有哉？"①

"此所谓性，兼气质而言者也。"很明显，朱熹将"气质之性"的观念带入了《论语》诠释中。值得注意的是，为"缝合"《论语》文本本义与其心性论观念的巨大差异，朱熹并不像程颐那样明显地完全以"本然之性"与"气质之性"的观念解释此语，而在语气上更缓和，在理学心性论的表现和运用上更含蓄。比起程颐直接断言"此言气质性，非言性之本"，朱熹所谓"此所谓性，兼气质而言者也""然以其初而言，则皆不甚相远也"的说法，在以"本然之性"与"气质之性"的心性论观念解释《论语》时，也注意到了尽量照顾《论语》本义的问题。当然，不管朱熹的"缝合"多么高明，他在理学心性论观念的"先见"下诠释《论语》也是不争的事实。毕竟这里朱熹虽未明言"天地之性""本然"之性之说，但性"兼气质而言"也绝非孔子言"性"之本义。正如钱穆先生在评价朱子注时所指出的："《论语》仅言性相近，孟子始言性善，后儒仍多异说，宋儒

---

① 朱熹：《四书章句集注》，北京：中华书局，1983年版。

始专一遵奉孟子性善之论，又感有说不通处，乃分别为义理之性与气质之性以为说。朱子尝言，气质之说，起于张、程，极有功于圣门，有补于后学，前此未曾说到，故张、程之说立，则诸子之说泯矣。"①

不仅如此，朱熹《论语》诠释中，还有很多地方都或明或暗、或隐或显地表现和运用了这种"一性二分"的心性论观念。比如对于《论语·卫灵公》篇"有教无类"章，朱熹就注曰："人性皆善，而其类有善恶之殊者，气习之染也。故君子有教，则人皆可以复于善，而不当复论其类之恶矣。"②其所谓"人性皆善"显然是在"本然之性"的意义下说的，而所谓"其类有善恶之殊者，气习之染"的说法又明显带入了"气质之性"的观念。

对于《论语·述而》"子温而厉，威而不猛，恭而安"章，朱熹则注曰："人之德性本无不备，而气质所赋，鲜有不偏，惟圣人全体浑然，阴阳合德，故其中和之气见于容貌之间者如此。"③这里，其所谓"德性本无不备，而气质所赋，鲜有不偏"也是体现了"本然之性"和"气质之性"的理学心性论主张。朱熹还以这种心性论的主张来说明《论语》中孔子所谓"唯上知与下愚不移"的问题。其实，《论语》中孔子讲的"唯上知与下愚不移"的问题并未涉及人性善恶的问题，其所表达的只是上智与下愚是否会改变的意思。对此，朱子却注释说：

> 此承上章而言。人之气质相近之中，又有美恶一定，而非习之所能移者。程子曰"人性本善，有不可移者何也？语其性则皆善也，语其才则有下愚之不移。所谓下愚有二焉：自暴自弃也。人苟以善自治，则无不可移，虽昏愚之至，皆可渐磨而进也。惟自暴者拒之以不信，自弃者绝之以不为，虽圣人与居，不能化而入也，仲尼之所谓下愚也。然其质非必昏且愚也，往往强戾而才力有过人者，商辛是也。圣人以其自绝于善，谓之下愚

---

① 钱穆：《孔子与论语》，台北：联经出版事业有限公司，1991年版。
② 朱熹：《四书章句集注》，北京：中华书局，1983年版。
③ 朱熹：《四书章句集注》，北京：中华书局，1983年版。

，然考其归则诚愚也"。①

朱熹认为，这章是承"性相近，习相远"一章来说的。这里，他主要抓住了"不移"的说法进行发挥，强调人的"气质相近，美恶一定"不是靠"习"就能改变的。接着，朱熹引述程子之说，进一步说明人性（本然之性）皆善，而其"才"（气质之性）却有"不移"者。下愚之"才"为何不移，乃在于"自暴自弃"。由此，我们发现，程朱抓住"不移"的说法来注释这句，其实主要是为了"发明"其"一性二分"的心性论观念下的"变化气质"之说。按照程颐的注释，"下愚"是因为"自暴自弃"，因而导致"才"之"不移"（"气质""难变"）。此虽非朱熹本人之言，但他引述程子之说，也不过是来支撑和说明自己的观点。按照朱熹的注释和他引用程子的说法，我们可以这样来理解程朱对这句的解释：人性本善无有"不可移"之说，说"不移"乃是语其"才"（气质之性）而言；为什么"下愚"之"才"不移呢？那是因为其"自暴自弃"。由此来看，我们完全可以确定，对于《论语》中孔子所谓"唯上知与下愚不移"的注释，朱熹也发挥了其理学心性论的思想观念。

另外，《朱子语类》中朱熹对《论语》文本的注释也能反映其"天地之性"与"气质之性"的理学心性论观念。比如，对于《论语·雍也》篇"亡之，命矣夫"②一句的注释，朱熹就提出了"气禀之命"与"天命"的说法。据《朱子语类》卷四《性理一》所载：

> 或问："'亡之，命矣夫！'此'命'是天理本然之命否？"曰："此只是气禀之命。富贵、死生、祸福、贵贱，皆禀之气而不可移易者。"祖道曰："'不知命无以为君子'与'五十知天命'，两'命'字如何？"曰："'不知命'亦是气禀之命，'知天命'却是圣人知其性中四端之所

---

① 朱熹：《四书章句集注》，北京：中华书局，1983年版。
② 《论语·雍也》，杨伯峻译注：《论语译注》，北京：中华书局，1980年版。

自来。如人看水一般：常人但见为水流，圣人便知得水之发源处。"①

"'不知命'亦是气禀之命，'知天命'却是圣人知其性中四端之所自来"，很明显，朱熹这种对"命"的"气禀之命"和"天命"的二分并不符合《论语》"亡之，命矣夫"的本义。其实，这也是朱熹在"本然之性"与"气质之性"的心性论观念下诠释《论语》的重要体现。

其三，"穷理灭欲"的工夫论观念下对《论语》的诠释。"工夫"主要是宋明儒者的话语，用以指儒家成圣成贤、变化气质的道德修养实践。《论语》中虽未有"工夫"的说法，但其中确有"克己复礼""居处恭，执事敬""入则孝，出则悌""言忠信，行笃敬"等等道德修养主张。通过对《论语》的诠释，朱熹赋予了这些道德修养主张"理学化"的新特色，并明确将其归于工夫论的思想观念下。他说：

> 孔子之言，多且是泛说做工夫，如"居处恭，执事敬""言忠信，行笃敬"之类，未说此是要理会甚么物。待学者自做得工夫透彻，却就其中见得体段是如此。②

> 孔子教人"居处恭，执事敬，与人忠"等语，则就实行处做功夫。如此，则存心、养性自在。③

此外，朱熹还在其"穷理灭欲"的工夫论观念下对《论语》"克己复礼为仁"等内容做出了新的解释。"穷理灭欲"是朱熹工夫论的核心观点，他说："圣贤千言万语，只是教人明天理，灭人欲。"这就意味着，其实宋明儒者讲本体、讲心性，最终就是为了要人践行"明天理，灭人欲"的道德修养实践。或者说，朱熹讲理与气、道心与人心、天地之性与气质之性、天理与人欲等观念，只为"逼"出其"穷理灭欲"的工夫论要求。正是因为"穷理灭欲"的工夫论在朱熹理学体

---

① 黎靖德：《朱子语类》，北京：中华书局，1994年版。
② 黎靖德：《朱子语类》，北京：中华书局，1994年版。
③ 黎靖德：《朱子语类》，北京：中华书局，1994年版。

系中的重要地位,他注《论语》时很多地方都发挥了这种论说。

比如,对于《论语·颜渊》篇中"克己复礼为仁"一语,朱熹注曰:

> 仁者,本心之全德。克,胜也。己,谓身之私欲也。复,反也。礼者,天理之节文也。为仁者,所以全其心之德也。盖心之全德,莫非天理,而亦不能不坏于人欲。故为仁者必有以胜私欲而复于礼,则事事皆天理,而本心之德复全于我矣。归,犹与也。又言一日克己复礼,则天下之人皆与其仁,极言其效之甚速而至大也。又言为仁由己而非他人所能预,又见其机之在我而无难也。日日克之,不以为难,则私欲净尽,天理流行,而仁不可胜用矣。①

这里,朱熹似乎不是在注解《论语》中所谓的"克己复礼为仁",而分明是在阐发其克私欲而复归天理的思想。对"克己复礼为仁"的逐字解释,所突出的是其为仁者必须战胜人之私欲,才能复归于礼即天理的思想,这体现了朱熹以天理论为指导来注解《论语》的诠释特色②。

对于《论语·雍也》最后一章"夫仁者,己欲立而立人,己欲达而达人。能近取譬,可谓仁之方也已"③一句的注释,朱熹也同样引入了"天理"与"人欲"之辨。他说:"以己及人,仁者之心也。于此观之,可以见天理之周流而无间矣。状仁之体,莫切于此……近取诸身,以己所欲譬之他人,知其所欲亦犹是也。然后推其所欲以及于人,则恕之事而仁之术也。于此勉焉,则有以胜其人欲之私,而全其天理之公矣。"④《论语》中所谓"己欲立而立人,己欲达而达人"体现的是通过"能近取譬""推己及人"而实现"仁"的道德修养实践,与天理、人欲无涉。朱熹所谓"以己所欲譬之他人,知其所欲亦犹是也……于此勉焉,则有

---

① 朱熹:《四书章句集注》,北京:中华书局,1983年版。
② 蔡方鹿:《中国经学与宋明理学研究》,北京:人民出版社,2011年版。
③ 《论语·雍也》,杨伯峻译注:《论语译注》,北京:中华书局,1980年版。
④ 朱熹:《四书章句集注》,北京:中华书局,1983年版。

以胜其人欲之私,而全其天理之公矣",虽也合乎《论语》"能近取譬"之旨,但却又被赋予了"穷理灭欲"的"理学化"新内涵。

以上通过对朱熹理学本体论、心性论、工夫论观念下的《论语》诠释的分析,可以发现,其《论语集注》与其说是在"注"《论语》,不如说是在以《论语》来注解其理学的思想主张。《论语》中的许多重要概念和话语俨然成为了朱熹理学思想的注脚。在这个意义上而言,《论语集注》不是朱熹在"注"《论语》,而是《论语》在"注"朱熹①。由此,我们完全可以说,朱熹的《论语集注》其实是一种理学观念下对《论语》的创造性诠释和发挥。在未释《论语》之前,他早已经有了一个"先入为主"的"己见",这个己见不是别的,正是其以天理为核心,融通理、气、心、性,"和合本体、心性、工夫"的这套哲理观念。而其所谓的"以己意解经"不过是以此"己见"来调度和整合四书中的相关材料,为其做论证、做注脚,以使其哲理体系尽可能完满、周延。

朱熹通过这种"义解"的诠释方式发挥儒家经典,构筑了较为成熟的理学体系,这种新儒学体系改变了以董仲舒为主要代表的汉唐儒学"天人感应"之学的神学面貌,而灌注了哲学理性的内涵。程朱理学的兴起标志着儒学形态由"实存道德描述"向"道德形上学"的转变。"这极大地提升了儒家的哲学思辨水平、开拓了儒家形上超越的世界,由此也就成功回应了佛道的挑战,重建了中华人文价值理想,实现了儒学的第二次复兴。"②

当然,我们虽承认朱熹的这种"义解"方式所带来的巨大理论成功,然毕竟也不能全然无视这样一个事实,通过上述列举的朱学《论语》诠释,实不难发现,其义理创新是事实,然这种"创新"本身却又是明显的"曲解""附会"。比如"夫子言性与天道",按《论语》本义"天道"不可能是朱熹所谓的"理","性与

---

① 为说明经典诠释中确实存在两种定向的问题,刘笑敢先生提出了"庄子注郭象"和"郭象注庄子""六经注我"和"我注六经"的区分。(刘笑敢:《诠释与定向——中国哲学研究方法之探究》,北京:商务印书馆,2009 年版。)

② 郑治文:《孔子之"道"与儒学重构——从朱熹、牟宗三的道统论说开去》《湖南大学学报》(社会科学版)2014 年第 6 期。

天道"更不会那么完美地恰巧就是程朱理学的根基——"性即理";孔子所谓"性相近"绝对与什么"天地之性与气质之性"的区分无涉;而"克己复礼为仁"就更不可能是什么"穷天理,灭人欲"的工夫。

很明显,经朱熹一番发挥,《论语》中较为贴近生活日用的平常言语却变成了一套玄妙精深的高明哲理,而孔子也俨然成了一位极富智慧的大哲学家。为此,我们要在"面向文本"("我注六经")的诠释定向下,对朱熹"曲解"《论语》有所觉察,但从"面向现实"(六经注我)的诠释定向来看,我们断不能忽视这种《论语》诠释对理学建构和儒学创新的重要意义。正如朱熹自己所说:"虽非经意,然其说自好,便只行得。大凡人看解经,虽一时有与经意稍远,然其说底自是一说,自有用处,不可废。"① 对此,钱穆也指出:"大凡朱子说经主求本义,本义既得,乃可推说,一也。经之本义只有一是,不能二三其说,二也。有非经之本义而说自可存者,三也。"② 也就是说,经典诠释中探求经文本义只是一方面,然经本义外之说,"虽一时有与经意稍远,然其说底自是一说,自有用处,不可废"。这也显示了朱熹在实现理学理论建构的同时,对经典诠释中经文本义与理学观念之间巨大差距的"缝合"。

三、以"理"(性)释"仁"——朱熹《论语》诠释的本体诠释意蕴

朱熹《论语集注》是一种理学"先见"下的《论语》诠释。朱熹理学是以"天理"本体观念为核心,探讨理、气、心、性等问题的思想体系。朱熹理学观念下的《论语》诠释的重要一环就是以"理"本体观念为中心,对《论语》的概念和话语进行解读。朱熹理学本体论观念下对《论语》的诠释,表现了其理学诠释学的本体诠释意蕴。众所周知,"理""天理"是朱熹理学的核心范畴,是其之所以被称为"理学"的主要依据。朱熹理学观念下《论语》诠释的一个突出特点,就是到处都融入了"理"本体论的思想观念。正如程树德《论语集释》在评论朱注时说:"其注《论

---

① 《朱子语类》卷七十六,北京:中华书局,1986年版。
② 钱穆:《朱子新学案》,成都:巴蜀书社,1986年版。

语》到处塞入理字。于仁则曰心之德,爱之理;于礼则曰天理之节文,如水银泻地,无孔不入。"①对此,方东树也指出:"《论语》,孔门授受之书,不言及理。何独至于宋儒,乃把理学做个大布袋,精粗巨细,无不纳入其中。至于天,亦以为即理。性,亦以为即理。却于物物求其理而穷之。凡说不来者,则以为必有其理。凡见不及者,则以为断无是理。从此遂标至美之名曰理学。"②朱熹注《论语》到处塞入"理"字,体现了其《论语》诠释的"理学化"特色。"理""天理"是朱熹理学的本体论范畴,朱熹在这种"理"本体论观念下对《论语》的诠释决定了其经典诠释的本体诠释意蕴。

其一,提出了读《论语》"极天理之实"的大纲,表现了朱熹《论语集注》以"天理"的本体论观念为核心的诠释特点。在朱熹看来,《论语》一书记载了孔子的言论,其中包含了无穷的道理,须认真探求,了解其所以作经之意。他说:

> 孔子言语一似没紧要说出来,自是包含无限道理,无些渗漏。如云"道之以政,齐之以刑;道之以德,其之以礼"数句,孔子初不曾著气力,只似没紧要说出来,自是委曲详尽,说尽道理,更走它底不得。③

朱熹指出,孔子所说表面上似乎无关紧要,其实其义理无穷,所以要究其天理,避免读了《论语》后全然无事,流于表面的文字而无所究竟。由此,朱熹要求陈淳详察天理,无一不尽。朱熹问:"《论语》如何看?"陈淳答:"见得圣人言行,极天理之实而无一毫之妄。学者之用工,尤当极其实而不容有一毫之妄。"朱熹曰:"大纲也是如此。然就里面详细处,须要十分透彻,无一不尽。"也就是说,朱熹肯定了读《论语》的大纲在于"极天理之实",而要"极天理之实",就须从圣人的言行,即从《论语》所载中求得。④很明显,单从朱熹提出的读《论

---

① 程树德:《论语集释》(第一册),北京:中华书局,1990年版。
② 方东树:《汉学商兑》(第四册),万有文库本。
③ 《朱子语类》卷十九,北京:中华书局,1986年版。
④ 蔡方鹿:《朱熹经典诠释学之我见》《文史哲》2003年第2期。

语》"极天理之实"的大纲来看，朱熹对《论语》理学化的诠释不言自明。

其二，以"理"本体的观念来注释《论语》中的仁、义、礼、性、天、道等重要范畴。"仁"是《论语》中最重要的范畴之一，《论语》一书提及"仁"一百余次。孔子也正是通过"以仁注礼"创立儒学的，所谓"以仁注礼"就是以内在性的"仁"来说明外在之"礼"的合法意义。朱熹理学观念下的《论语》诠释最重要的一个方面就是以"理"本体注释"仁"，提出了"仁者，爱之理，心之德"的重要论说。这种以"理"释"仁"的理论效果，就是将儒家道德价值的合法性意义架构在了具有超越意义的"天理世界"中，由此奠定了理学的重要思想根基。《论语·学而》载："其为人也孝弟，而好犯上者，鲜矣；不好犯上，而好作乱者，未之有也。君子务本，本立而道生。孝弟也者，其为仁之本与！"①对此，朱熹注释曰：

> 本，犹根也。仁者，爱之理，心之德也。为仁，犹曰行仁……言君子凡事专用力于根本，根本既立，则其道自生。若上文所谓孝弟，乃是为仁之本，学者务此，则仁道自此而生也。程子曰："孝弟，顺德也，故不好犯上，岂复有逆理乱常之事。德有本，本立则其道充大。孝弟行于家，而后仁爱及于物，所谓亲亲而仁民也。故为仁以孝弟为本。论性，则以仁为孝弟之本。"或问："孝弟为仁之本，此是由孝弟可以至仁否？"曰："非也。谓行仁自孝弟始，孝弟是仁之一事。谓之行仁之本则可，谓是仁之本则不可。盖仁是性也，孝弟是用也，性中只有个仁、义、礼、智四者而已，何尝有孝弟来。然仁主于爱，爱莫大于爱亲，故曰："孝弟也者，其为仁之本与！"②

理解上述话语的关键在于抓住"仁者，爱之理，心之德也""盖仁是性也，孝弟是用也"两句。"性即是理"是朱熹理学本体论的核心主张，这里朱熹强调"仁"只是"理"（爱之理），是"性"，而孝悌只是"用"，不属于同一个层

---

① 《论语·学而》，杨伯峻译注：《论语译注》，北京：中华书局，1980年版。
② 朱熹：《四书章句集注》，北京：中华书局，1983年版。

次。所以，他特别强调，孝悌"谓之行仁之本则可，谓是仁之本则不可"。朱熹将"仁"解释为是"爱之理，心之德"，并对"仁"和"孝悌"作了"理"（性）和"用"两个层次的划分，实际上已经将《论语》中的"仁"引向了抽象超越。朱熹以"理"注"仁"，将"仁"抽象化为超验的"理"，由此也为儒家的"礼"（道德价值）确立了"理"的形上依据。以"理"释"仁"，将儒学的奠基性观念由《论语》的"仁"变为了理学的"理"（天），是理学所以建构的关键环节，也是朱熹《论语》诠释本体诠释意蕴的重要体现。

此外，朱熹注《论语》还以"理"来注释"礼""义""性""天"等重要范畴。比如，对《论语·学而》十二章"礼之用，和为贵。先王之道斯为美，小大由之。"①朱熹解释曰："礼者，天理之节文，人事之仪则也。"②这里，就《论语》而言，"礼"主要是形而下的范畴，是具体的礼仪实践（人事之仪），但朱熹说"礼者，天理之节文"又分明是将"礼"上升到"天理"的高度来说，其后又说"礼者，人事之仪"，又是将"礼"拉回到人道上来说。朱熹以"理"注"礼"，说明了其贯通天道（天理）与人事的努力。从朱熹"礼者，天理之节文"的说法来看，它表现了其"理"本体论观念下对"礼"的解释，也反映了其《论语》诠释的本体诠释意蕴。

对于《论语》中的"义"，朱熹也以"理"的观念来诠释。对于《论语·里仁》十六章"君子喻于义，小人喻于利"③的说法，朱熹注释曰："义者，天理之所宜。利者，人情之所欲。"④这里，朱熹也是从"天理"的高度来谈"义"，同样也反映了其"理"本体观念下的《论语》诠释的本体诠释意蕴。《论语》是借义利之对分来讲君子、小人，朱熹则以"天理"和"人欲"之对分来讲。由此也就将《论语》的话语资源化入其理学思想观念中。同样，朱熹还以天理、人欲

---

① 《论语·学而》，杨伯峻译注：《论语译注》，北京：中华书局，1980年版。
② 朱熹：《四书章句集注》，北京：中华书局，1983年版。
③ 《论语·里仁》，杨伯峻译注：《论语译注》，北京：中华书局，1980年版。
④ 朱熹：《四书章句集注》，北京：中华书局，1983年版。

之说来解释义利之辨，由此来区分"君子儒"和"小人儒"。据《论语·雍也》十三章载"女为君子儒，无为小人儒"。①朱子引谢氏曰："君子小人之分，义与利之闲而已。然所谓利者，岂必殖货财之谓？以私灭公，适己自便，凡可以害天理者皆利也。子夏文学虽有余，然意其远者大者或昧焉，故夫子语之以此。"②应该说，通过义利之辨来说明君子儒、小人儒是合理的，然以"害天理"解释"利"，则也不过是为了发挥其理学思想，将《论语》的话语资源纳入理学框架内。

另外，朱熹还以"理"来释"道"，实现了儒学核心范畴的重要变换，由此很大程度上也实现了中国哲学由重"道"向重"理"的转型。据《论语·里仁》篇记载："子曰：'参乎！吾道一以贯之。'曾子曰：'唯。'子出。门人问曰：'何谓也？'曾子曰：'夫子之道，忠恕而已矣。'"③对此，朱熹注释说：

> 圣人之心，浑然一理，而泛应曲当，用各不同。曾子于其用处，盖已随事精察而力行之，但未知其体之一尔。夫子知其真积力久，将有所得，是以呼而告之。曾子果能默契其指，即应之速而无疑也……夫子之一理浑然而泛应曲当，譬则天地之至诚无息，而万物各得其所也。自此之外，固无余法，而亦无待于推矣。曾子有见于此而难言之，故借学者尽己、推己之目以著明之，欲人之易晓也。盖至诚无息者，道之体也，万殊之所以一本也；万物各得其所者，道之用也，一本所以万殊也。以此观之，一以贯之之实可见矣。④

很明显，《论语》中曾子所说的孔子之"道"只是一般意义下的为人之道，属于形而下的范畴。但是，朱熹却从中阐发、体悟出了"天道"的思想，将《论语》中的形下之"道"提升到了"天道""天理"的高度，从上面的注释来看，

---

① 《论语·雍也》，杨伯峻译注：《论语译注》，北京：中华书局，1980年版。
② 朱熹：《四书章句集注》，北京：中华书局，1983年版。
③ 《论语·里仁》，杨伯峻译注：《论语译注》，北京：中华书局，1980年版。
④ 朱熹：《四书章句集注》，北京：中华书局，1983年版。

朱熹这里主要是借用了《论语》"吾道一以贯之"的说法来发挥其"一本万殊"的本体论观念。朱熹以"理"来解释"道",将"道"变为了"天道",赋予了其本体论的意义,显然这也是其《论语》诠释本体诠释意蕴的重要体现。

令我们稍微难以理解的是,朱熹以"理"来解释《论语·公冶长》篇"吾斯之未能信"的所谓"斯"。据《论语·公冶长》第六章所载:"子使漆雕开仕对曰:'吾斯之未能信。'子说。"① 对此,朱熹注释曰:

> 斯,指此理而言。信,谓真知其如此,而无毫发之疑也。开自言未能如此,未可以治人,故夫子说其笃志。程子曰:"漆雕开已见大意,故夫子说之。"又曰:"古人见道分明,故其言如此。"谢氏曰:"开之学无可考。然圣人使之仕,必其材可以仕矣。至于心术之微,则一毫不自得,不害其为未信。此圣人所不能知,而开自知之。其材可以仕,而其器不安于小成,他日所就,其可量乎?夫子所以说之也。"②

显然,《论语》中所谓"斯"指的是从"仕"之事,与朱熹所谓"理"根本没有关系。正如钱穆先生对此所评价的:"此条'斯'显指'仕'言,谓己于仕事胜任否未能自信也。而朱子以理释之,谓其未能真知此理而无毫发之疑,则试问此理又何理?……细玩本章所引上蔡语,似主要尚不在见此理,而更要在信得及此心之所见,此显是禅味深厚,孔门当时决不有此等意态。"③朱熹将其解释为"理",还引述程子"见道分明"和谢上蔡"心术之微"进行进一步解释。由此可见,朱熹将"理"本体论的观念贯穿于《论语》诠释的良苦用心。

以上我们分别说明了朱熹基于"理"本体论的观念对《论语》"仁""义""道"等范畴的诠释。至于朱熹通过"理"来解释"性"和"天",确立"性即理""天理"等核心范畴,上面第一部分已有详论,兹不赘述。这里,我们所要着重说明

---

① 《论语·公冶长》,杨伯峻译注:《论语译注》,北京:中华书局,1980年版。
② 朱熹:《四书章句集注》,北京:中华书局,1983年版。
③ 钱穆:《孔子与论语》,台北:联经出版事业有限公司,1991年版。

的是，朱熹理学不仅以"理"来解释"仁""义""礼""性"等范畴，同样还以"害天理"来解释"利"，充分说明了其贯穿"理"本体论的观念来诠释《论语》的努力，也反映了其《论语》诠释的本体诠释意蕴。概言之，朱熹《论语》诠释中所贯穿和融入的"理"本体论的思想观念，充分说明了其《论语》诠释的"理学化"特色，体现了其《论语》诠释的本体诠释意蕴。

第二节 王阳明的心学《论语》诠释及其本体诠释意蕴

朱熹、王阳明是宋明理学发展的最重要的代表，如果说朱熹是宋代理学发展的中心的话，那么，王阳明则无疑就是明代理学发展的中心。王阳明虽不像朱熹有《论语集注》那样专门注释《论语》的著述，然王阳明在其《传习录》等著作中也多有对《论语》中的思想话语进行解读和注释的内容。正如有论者指出："王阳明的心学《论语》学与前人的《论语》学有所不同，其最大的不同在于他没有一个专门的《论语》注本，也就是没有文本基础。不重文本事实上是由心学家注重反省内求的求圣方法决定的。"[①] 虽然如此，从王阳明的《传习录》等著作中所涉及的《论语》解读和诠释的内容来看，我们亦可窥见王阳明《论语》诠释不同于朱熹《论语》诠释的心学（良知学）化特色[②]。王阳明的《论语》诠释，是其在扬弃朱学、反思朱学、批判朱学的时代"先见"和以"心理为一""心外无理"为核心的心学观念"先见"下对《论语》文本做出的创造性理解。这种在以良知、天理、本心的本体论（和合工夫论）思想为核心的心学（良知学）观念"先见"下对《论语》文本的创造性理解，充分反映了王阳明《论语》诠释"六经注我"的哲学化诠释的学术特色。同时，王阳明在良知、天理、本心的本体论（和合工夫论）观念下对《论语》文本的思想解读，也十分明显地反映了其《论语》诠释的本体诠释意蕴。

一、扬弃朱学——王阳明《论语》诠释的明代"先见"

[①] 牛冠恒：《王阳明〈论语〉学研究》，中共中央党校博士学位论文，2015年。
[②] 孙宝山：《王阳明的〈论语〉诠释》《孔子研究》2014年第1期。

第三章 宋明理学视域下的《论语》诠释——以朱熹、王阳明为例

众所周知，王阳明心学立场的确立经历了一个"由朱转陆"的过程，所谓"由朱转陆"就是指王阳明思想学术发展从服膺朱学、推崇朱学向怀疑朱学、反思朱学、批判朱学转变，最终确立心学（良知学）基本立场的具体过程。也就是说，王阳明遥接象山的心学之思是由朱学转出的，它是王阳明结合自己的生命体验，扬弃朱熹"格物"之说而实现的思想创造。正如钱穆所指出的，朱熹"为中国学术思想史上正反两面所共同集向之中心……然诤朱攻朱，其说亦全从朱子学说中来"①。刘述先也认为，王阳明"其理论之规模却仍需要借朱子之对反而益显。在此义下，也可谓朱学为王学之一重要渊源"②。就宋明理学发展的内在脉络而言，可以说，扬弃朱学，反思其"格物"之说，构成了王阳明心学的主要问题意识和时代关怀。王阳明的心学（良知学）思想，在很大程度上是其带着扬弃朱学的明代"先见"创造性地诠释《论语》《大学》《孟子》《中庸》等儒家经典而提出并确立的。就《论语》诠释而言，王阳明的《论语》诠释是其在扬弃朱学的时代"先见"下对《论语》文本做出的创造性理解。

王阳明生活的明代是朱学大盛的时代。明初以来，朱子学被奉为官学，朱熹所著《四书章句集注》成了科考的主要依据和内容。在这种历史背景下，朱子学一度成为明代的"显学"，由此出现了明初"此亦一述朱，彼亦一述朱"的基本文化格局。生活于明代中叶的王阳明在经历了泛滥词章的学问追求和思想探索后，终于回归圣学，服膺儒家的朱子之学。黄宗羲《明儒学案》中记述："先生之学，始泛滥于词章，继而遍读考亭之书，"王阳明"遍读考亭之书"，表明了当时的王阳明对朱熹学说的虔诚服膺。对此，他在《答罗整庵少宰书》中也真诚地说过："平生于朱子之说如神明蓍龟。"他不仅完全服膺朱子之学说，对朱熹之人格、气度也十分推崇，"总之在以朱子为模范"③。正是出于对朱子学的真诚服膺，王阳明不仅"遍读考亭之书"，还在自己的生命生活中去体验和"实践"朱子的

---

① 钱穆：《朱子学提纲》，北京：生活·读书·新知三联书店，2002 年版。
② 刘述先：《理一分殊》，上海：上海文艺出版社，2000 年版。
③ 陈荣捷：《王阳明传习录详注集评》，台北：台湾学生书局，1988 年版。

"格物""穷理"之说。

可惜的是，当王阳明在自己的生命生活中去"实践"朱子的"格物""穷理"的工夫时，他常常感受到的是这种工夫论主张的"无效"，由此，他对朱学开始产生了怀疑，并进而反思朱学之病弊，从而最终转向了心学之思。对此，正如刘宗贤先生所指出的："王阳明心学的形成最初是以对朱熹'格物'方法的体验和批判为出发点的。他在运用朱熹的'格物致知'方法进行道德修养时，不止一次地发现这种方法所造成的'心理为二'的矛盾。"[①]

王阳明在自己的生命生活中去"实践"朱子的"格物""穷理"之说，最为人所熟悉的例证当然是其去"格竹"一事。关于"格物"，朱熹说过："盖人心之灵，莫不有知，而天下之物，莫不有理。惟于理有未穷，故其知有不尽也。是以大学始教，必使学者即凡天下之物，莫不因其已知之理而益穷之，以求至乎其极。至于用力之久，而一旦豁然贯通焉。则众物之表里精粗无不到，而吾心之全体大用，无不明矣。"[②]为此，王阳明特去"格竹"以"验证"朱熹的这种说法。然而，"格竹"七天七夜的结果是不仅未能得其"理"，反而致昏厥大病，要达到朱熹说的那种"豁然贯通"的境界就更是妄谈了。由此，"格竹"的失败使王阳明对朱子的"格物""穷理"之说产生了怀疑，使其认识到，在自家的生命之外去求"理"，并不会像朱熹所说的那样真能"格"到"理"，更不会有那种什么"豁然贯通"的体验。

如果说，"格竹"的失败只是让王阳明对朱子学产生了怀疑的话，那么，"龙场悟道"则让其彻底放弃了朱学思想，确立了自身的心学立场。"龙场悟道"是王阳明思想生命最为重要的转折点，它使其在"百死千难"中终于悟得了新的"格物致知"之旨，并真真切切地体会到了朱子"向外求理""析心与理为二"的病弊，从而转向了"向内求理""合心与理为一"的心学之思。从最初的泛滥于词

[①] 刘宗贤：《从朱熹到王阳明："性理"与"心性"的理论转换》《东方论坛》2001年第1期。
[②] 朱杰人，严佐之，刘永翔主编：《朱子全书》（第6册），《四书章句集注》《大学章句补格物传》，上海：上海古籍出版社，合肥：安徽教育出版社，2002年版。

章到"龙场悟道"悟得"格物致知"之旨,黄宗羲在《明儒学案》中完整地概括了阳明学术思想转进的主要过程:

> 先生之学,始泛滥于词章,继而遍读考亭之书,循序格物,顾物理吾心,终判为二,无所得入,于是出入于佛、老者久之。及至居夷处困,动心忍性,因念圣人处此,更有何道,忽吾格物致知之旨,圣人之道,吾性自足,不假外求。①

就王阳明心学"由朱转陆"的进路而言,从"格竹"失败到"龙场悟道",完整地反映出了王阳明从服膺朱学、推崇朱学到怀疑朱学、反思朱学,进而放弃朱学,悟彻"格物致知"之旨,开辟心学之思的探索过程。"格竹"失败,阳明对朱子"格物"说产生了怀疑,然此时或并未能真切领悟其偏失在何处。及至"龙场悟道",他才明确地判分了朱子"格物"说"向外求理""析心与理为二"之误。《王阳明年谱》记其"龙场悟道"时说:"忽中夜大悟格物致知之旨,寤寐中若有人语之者,不觉呼跃,从者皆惊。始知圣人之道,吾性自足,向之求理于事物者,误也。乃以默记《五经》之言证之,莫不脗合,因著《五经臆说》。"②"始知圣人之道,吾性自足,向之求理于事物者,误也",认识到了朱子"格物"说"求理于事物"的"谬误"后,阳明遂确立了"圣人之道,吾性自足"的根本立场,由此接上了象山心学之思,开出了"心外无物""心外无理""心外无事"之思考。未免所论浮泛,特征引阳明原话如下:

> 心即理也。天下又有心外之事,心外之理乎?③
> 朱子所谓格物云者,在即物而穷其理也。即物穷理,是就事事物物上

---

① 沈善洪主编:《黄宗羲全集》(第7册),《姚江学案》,《明儒学案》卷十,杭州:浙江古籍出版社,1992年版。
② [明]王守仁撰,吴光等编校:《王阳明全集》,上海:上海古籍出版社,2011年版。
③ [明]王守仁撰,吴光等编校:《王阳明全集》,上海:上海古籍出版社,2011年版。

求其所谓定理者也，是以吾心求理于事事物物之中，析心与理而为二矣。①

夫物理不外于吾心，外吾心而求物理，无物理矣。遗物理而求吾心，吾心又何物邪……理岂外于吾心耶？晦庵谓人之所以谓学者，心与理而已。心虽主乎一身，而实管乎天下之理。理虽散在万事，而实不外乎人之一心。是其一分一合之间，而未免已启学者心理为二之弊。②

由此，我们发现，王阳明心学（良知学）思想虽千头万绪，然其时代精神主要是对朱子学的扬弃和"反动"，与此相应，其主要义理精神也不过是要以其"心外无理""心理为一"的思想对治朱学教人向外求理、"析心与理为二"之误。因此，我们可以说，王阳明心学（良知学）的主要问题意识和时代关切就是扬弃朱子"析心与理为二"的理学（狭义）思想。在这种现实关怀下，王阳明心学（良知学）的主体精神可以"合心与理为一"概之，也即其所谓"心外无物，心外无事，心外无理，心外无义，心外无善"。龙场悟道以后，王阳明学问虽日益精熟，好言良知，然其良知之学之根本精神其实亦不出"心外无理""心理为一"之要义。正因为如此，王阳明才会说："吾良知之学，自龙场以后，便已不出此意。只是点此二字不出，于学者言，费却多少辞说。今幸见出此意。一语之下，洞见全体，真是痛快，不觉手舞足蹈。学者闻之亦省却多少寻讨功夫。学问头脑，至此已是说得十分下落，但恐学者不肯直下承当耳。"③

事实上，在很大程度上可以说，王阳明的良知学只是其"龙场悟道"所悟的新的"格物致知"之旨逻辑发展的必然结果。龙场悟道所悟"格物致知"之旨，后来所好言之"良知"，其根本精神皆在于以"合心与理为一"以对治朱子"格物"说"析心与理为二"之误。王阳明说："若鄙人所谓致知格物者，致吾心之良知于事事物物也。致吾心良知之天理于事事物物，则事事物物皆得其理矣。致吾心

---

① ［明］王守仁撰，吴光等编校：《王阳明全集》，上海：上海古籍出版社，2011年版。
② ［明］王守仁撰，吴光等编校：《王阳明全集》，上海：上海古籍出版社，2011年版。
③ ［明］王守仁撰，吴光等编校：《王阳明全集》，上海：上海古籍出版社，2011年版。

之良知者，致知也。事事物物皆得其理者，格物也，是合心与理而为一者也。"①"合心与理为一"其实就是王阳明心学（良知学）一以贯之的根本立场和观念。

就王阳明的经典诠释而言，它无疑也是在扬弃朱学的时代关切和"心理为一"的心学立场下进行的。具体以《论语》诠释而言，可以说，王阳明的《论语》诠释是其在扬弃朱学、反思朱学、批判朱学的时代"先见"②和以"心理为一""心外无理"为核心的心学观念"先见"下对《论语》文本做出的创造性理解。在扬弃朱学、反思朱学、批判朱学的时代"先见"下对《论语》文本做出创造性理解，反映了王阳明《论语》诠释"六经注我"的哲学化诠释特点。当然，这种时代"先见"下的《论语》诠释又主要表现为，王阳明在为回应时代问题而开出的以"心理为一""心外无理"为核心的心学观念"先见"下多《论语》文本中的思想话语做出了新的解读和注释。

二、心理为一 —— 王阳明心学观念"先见"下的《论语》诠释

在"扬弃朱学"，反思其"析心与理为二"之误的问题意识下，王阳明心学的根本精神乃在于强调"心理为一"，即其所谓"心外无理""心外无物"。杨国荣指出："朱熹虽然力图以理散为物、物本于理来沟通二者，但由于他一再强调理的超验性，因而始终未能真正在理论上把这二重世界统一起来。正是这一点，在一定意义上构成了朱熹理学体系的致命痼疾。"③王阳明心学（良知学）思想的根本学术旨趣就是在理论上"把这二重世界统一了起来"，克服了朱熹理学体系的致命痼疾。由此，与朱熹理学理与气、天地之性与气质之性、穷天理与灭人欲的"二元论"倾向不同，王阳明的心学通贯着一种"合心与理为一"的"一世界"的精神。经由这一"反动"，朱子学那种本体论、心性论、工夫论上的"二元论"的架构，被置换为以"心即理""致良知""知行合一"为要的"一

---

① ［明］王守仁撰，吴光等编校：《王阳明全集》，上海：上海古籍出版社，2011年版。
② 我们说，扬弃朱学是王阳明的时代"先见"主要是就宋明理学发展的"内在理路"而言的，在"外在诠释"的视野下，王阳明心学的时代关切当然有其政治经济的历史背景可言。
③ 杨国荣：《王学通论》，上海：三联书店，1989年版。

世界"的心学立场[①]。正如有论者指出的,王阳明"扬弃朱熹的理本论和心性论,建立良知(心)本体论;摒弃朱熹的格物致知说,先后提出诚意格物论和致物论;去除朱熹的知先行后说,提倡知行合一论。"[②]

当然,王阳明的心学思想虽有良知、天理、本心的本体论,致良知、穷天理、发明本心的工夫论,知行合一之说等主张,然其要义实不出"心理为一"之精神。就王阳明的《论语》诠释而言,其最主要的特质就在于在其诠释中始终贯穿着这种"心理为一"的根本立场和观念。尽管王阳明对《论语》中的很多思想话语都是在天理、良知、本心、知行合一、致良知等思想观念下来展开的,然其实这种种的思想观念不过是"心理为一"精神的不同形式的表达罢了。因此,我们可以这样来把握王阳明的《论语》诠释,即它是王阳明在以"心理为一"为核心的心学观念"先见"下对《论语》文本做出的创造性理解。基于"心理为一"(心外无理)的心学根本观念,王阳明具体在"良知—致良知""天理—存天理""本心—明本心""知行合一"等和合本体工夫的思想精神下对《论语》中的思想话语进行了新的解读和诠释。这主要表现在以下几个方面:

其一,"良知—致良知""天理—存天理""本心—明本心"的即本体即工夫的思想观念下的《论语》诠释。与朱熹向外去"穷理"的"格物"说不同,王阳明心学强调心即理、"天理即良知",即反躬内省向"内心"去求"理"。正是基于这种"心外无理""天理"(良知)在吾心的本体论预设,王阳明心学的所谓工夫就不需要再向外去"即物穷理",而只需发明本心、存得天理、致得良知。由此,本心、天理、良知等思想观念所彰显的是王阳明心学即本体即工夫的根本精神。

在"心理为一""心外无理"的本体论预设下,王阳明心学的"工夫"首先强调的是要明本(体)、知本(体),即先识得天理、良知、本心内在于吾人,

---

[①] 冯友兰先生说:"理学家之哲学需要二世界,而心学家之哲学则只需要一世界。"(冯友兰:《中国哲学史》,北京:商务印书馆,2006年版,第403页。)

[②] 何静:《扬弃朱熹理学的阳明心学》,《齐鲁学刊》2012年第3期。

无须在外在世界的"枝枝叶叶"上去求索。为此,王阳明借诠释《论语·卫灵公》篇"人无远虑必有近忧"[①]一说,表达了"天理在人心",做"工夫"只需在自家身心上用力,反对在事上茫茫荡荡去思的观点。

> 先生曰:"'远虑'不是茫茫荡荡去思虑,只是要存这天理。天理在人心,亘古亘今,无有终始。天理即是良知。千思万虑,只是要致良知。良知愈思愈精明。若不精思,漫然随事应去,良知便粗了。若只着在事上茫茫荡荡去思,教做'远虑',便不免有毁誉、得丧、人欲搀入其中。就是'将迎'了。"[②]

这里,王阳明主要发挥了"远虑"一说,强调所谓"远虑"并不是教人茫茫荡荡去思虑,而只是要存这天理、发明此本心。王阳明认为,如果将"远虑"看成是在事上茫茫荡荡去思,"漫然随事应去,良知便粗了"。显然,《论语》中孔子原意绝非如此,这里阳明的诠释给"远虑"注入了心学的理论内涵。他对"远虑"之说的诠释,不过是为了"发明"其明本(体),知本(体)的心学思想,强调做工夫要在自家身心上用功。

正如王阳明对"远虑"的诠释一样,他对《论语》中所谓"好古敏求"的说法也是将其收摄到自我之本心上来讲。他说:"'好古敏求'者,好古人之学而敏求此心之理耳。心即理也。学者,学此心也。求者,求此心也。孟子云:'学问之道无他,求其放心而已矣。'非若后世广记博诵古人之言词以为好古,而汲汲然惟以求功名利达之具于其外者也。"[③]王阳明认为,"好古敏求"是指"好古人之学而敏求于此心",这明显是消解了"好古敏求"的外在化的倾向,将其置于心学的内在化、主体性的视域下来讲。阳明所谓"学者学此心,求者求此心"的诠释,这是其为"好古敏求"说注入的心学化的新内涵,表达了阳明心学重明本(体)、知本(体),强调在自家身心上做工夫的根本立场。

---

① 《论语·卫灵公》,杨伯峻译注:《论语译注》,北京:中华书局,1980年版。
② [明]王守仁撰,吴光等编校:《王阳明全集》,上海:上海古籍出版社,2011年版。
③ [明]王守仁撰,吴光等编校:《王阳明全集》,上海:上海古籍出版社,2011年版。

此外，王阳明在解释《论语》中孔子所谓"吾道一以贯之"的说法时，也表现和运用了这种思想观念。《论语·里仁》篇载：

> 子曰："参乎！吾道一以贯之。"曾子曰："唯。"子出。门人问曰："何谓也？"曾子曰："夫子之道，忠恕而已矣。"①

关于"吾道一以贯之"的理解，据《传习录》中所载：国英问："曾子三省虽切，恐是未闻一贯时工夫？"先生曰："一贯是夫子见曾子未得用功之要，故告之。学者果能忠恕上用功，岂不是一贯？'一'如树之根本，'贯'如树之枝叶，未种根，何枝叶之可得？体用一源，体未立，用安从生？谓'曾子于其用处，盖已随事精察而力行之，但未知其体之一'。此恐未尽。"很明显，其实《论语》中孔子所谓"吾道一以贯之"根本不涉及什么"工夫论"的意思。这里，王阳明着重发挥了孔子"一以贯之"的说法，认为孔子见曾子未得用功之要，于是告诉他要先"知其体"。阳明说："'一'如树之根本，'贯'如树之枝叶"，其实就是以树根喻"明体"，以枝叶喻"达用"，借以强调做工夫首在明体（本）、知体（本），有此"体"自有此"用"。于是，《论语》中所谓"一以贯之"的说法被赋予了心学的意义，成为王阳明发明其"先立乎其大"（象山语）的心学工夫论的重要思想资源。

同样，王阳明对《论语》中"学而不思则罔，思而不学则殆"②的话语也是在这种"反求诸己"的明体（本）、知体（本）、立体（本）的工夫论观念下去解释的。在"心理为一""心外无理"的这种即本体即工夫的思想观念下，王阳明强调"天理"无须向外去"求"，而只需在自家身心上用力。当弟子问《论语》中"学而不思"一句时，王阳明答曰："此亦有为而言，其实思即学也。学有所疑，便须思之。思而不学者，盖有此等人。只悬空去思，要想出一个道理。却不在身心上宜用其力，以学存此天理。思与学作两事做，故有'罔'与'殆'之病。

---

① 《论语·里仁》，杨伯峻译注：《论语译注》，北京：中华书局，1980年版。
② 《论语·为政》，杨伯峻译注：《论语译注》，北京：中华书局，1980年版。

其实思只是思其所学，原非两事也。"①经过王阳明的解读，《论语》中"学而不思"的话语被赋予了这样的新内涵：学是"学存此天理"，如离此"学"之所谓"思"不过是悬空去思，由此《论语》中孔子所谓的"学而不思"被赋予了向内发明本心、存此天理的明体（本）、知体（本）、立体（本）的工夫论的意义，而孔子所谓的"思而不学"也变成了不在自家身心上用力地悬空去思。由此可见，王阳明对"学而思"（学与思的统一）的理解是融入了其心学"明体达用"、"致良知"、"存天理"以及"明本心"的即本体即工夫的思想观念的。

王阳明所谓的明体（本）、知体（本）、致良知、存天理、明本心，都是教人向内去讲求，在自家身心上用力，为此，他特别反对那种"枝枝叶叶外边寻"的向外用力的所谓"工夫"。在王阳明那里，不在自家身心上用力、以小害大的外在化的工夫首先表现为迷信经典权威，专在言语上去讲求。为此，他在解释《论语》中孔子所谓"予欲无言"的话语时着力发挥了这种观点。《论语·阳货》篇载：

> 子曰："予欲无言。"子贡曰："子如不言，则小子何述焉？"
> 子曰："天何言哉？四时行焉，百物生焉，天何言哉？"②

当王阳明弟子问及孔子"予欲无言"何解时，阳明这样去解释，他说：

> 圣人述《六经》，只是要正人心，只是要存天理、去人欲。于存天理、去人欲之事，则尝言之；或因人请问，各随分量而说，亦不肯多道，恐人专求之言语，故曰'予欲无言'。若是一切纵人欲、灭天理的事，又安肯详以示人？是长乱导奸也。故孟子云："'仲尼之门，无道桓、文之事者，是以后世无传焉。'此便是孔门家法。世儒只讲得一个伯者的学问，所以要知得许多阴谋诡计，纯是一片功利的心，与圣人作经的意思正相反，如何思量得通？"因叹曰："此非达天德者，未易与言此也！"③

---

① ［明］王守仁撰，吴光等编校：《王阳明全集》，上海：上海古籍出版社，2011年版。
② 《论语·阳货》，杨伯峻译注：《论语译注》，北京：中华书局，1980年版。
③ ［明］王守仁撰，吴光等编校：《王阳明全集》，上海：上海古籍出版社，2011年版。

在王阳明看来，圣人作《六经》的根本目的在于教人学会"正人心""存天理，去人欲"，因此，只要能达到此目的，圣人并不欲有太多的言语。因为圣人所担忧者正在于，人们因为功利的目的只在经典上讲求，只在言语上计较，而却没了圣人"正人心""存天理，去人欲"的大义。这里，王阳明认为，孔子之所以"欲无言"，就是"恐人专求之言语"，教人只在"正人心""存天理"的大本上用功。

另外，除了反对在经典言语上讲求外，王阳明还提出，过于专注于"知识"（见闻之知），也可能会使人难于致得良知、存得天理、发明本心（德性之知）。

在注释《论语·子罕》"吾有知乎哉？无知也"[①]的话语时，王阳明就做出了"见闻之知"和"良知"的分别。他说："良知不由见闻而有，而见闻莫非良知之用。故良知不滞于见闻，而亦不离于见闻。孔子云：'吾有知乎哉？无知也。'良知之外，别无知矣。故'致良知'是学问大头脑，是圣人教人第一义。"[②]这里，王阳明提出，孔子所谓"吾有知乎哉"的"知"指的是良知，而其所谓"无知也"的"知"指的是见闻之知。他认为，孔子之所以如此立言，是要教人不能让良知滞于见闻，以此来表达出"'致良知'是学问大头脑"的要义。通过这种解读，孔子的话语被王阳明赋予了良知学的意义。或者说，《论语》中孔子所谓"吾有知乎哉？无知也"的话语变成了王阳明阐发其良知与见闻之知的关系的重要思想注脚。同样，对于该句之后，孔子接着说的"有鄙夫问于我，空空如也。我叩其两端而竭焉"[③]的解释，王阳明也发挥了这种良知学的观念。

> 先生曰："孔子有鄙夫来问，未尝先有知识以应之，其心只空空而已；但叩他自知的是非两端，与之一剖决，鄙夫之心便已了然。鄙夫自知的是非，便是他本来天则，虽圣人聪明，如何可与增减得一毫？他只不能自信，

---

① 《论语·子罕》，杨伯峻译注：《论语译注》，北京：中华书局，1980年版。
② ［明］王守仁撰，吴光等编校：《王阳明全集》，上海：上海古籍出版社，2011年版。
③ 《论语·子罕》，杨伯峻译注：《论语译注》，北京：中华书局，1980年版。

> 夫子与之一剖决，便已竭尽无余了。若夫子与鄙夫言时，留得些子知识在，便是不能竭他的良知，道体即有二了。"①

这里，王阳明主要抓住了孔子所谓"空空如也"的说法，认为"空空如也"所反映的是孔子不专注于"知识"，而专务致良知的思想智慧。这也就是王阳明说的"若夫子与鄙夫言时，留得些子知识在，便是不能竭他的良知。"另外，对于《论语·八佾》篇中"子入太庙，每事问"的问题，王阳明也在其良知、天理的观念下予以了解读，并引出了"见闻之知"和"良知"（天理）的差别。他说：

> 圣人无所不知，只是知个天理，无所不能，只是能个天理。圣人本体明白，故事事知个天理所在，便去尽个天理，不是本体明后，却于天下事物都便知得，便做得来也。天下事物，如名物度数、草木鸟兽之类，不胜其烦，圣人须是本体明了，亦何缘能尽知得？但不必知的，圣人自不消求知，其所当知的，圣人自能问人，如"子入太庙，每事问"之类。先儒谓"虽知亦问，敬谨之至"，此说不可通。圣人于礼乐名物，不必尽知，然他知得一个天理，便自有许多节文度数出来，不知能问，亦即是天理节文所在。②

这里，王阳明强调圣人无所不知者，只是天理、良知，对于天下事物圣人无须尽知，如果有需要求知，圣人自能问人而知。很明显，《论语》中所谓"子入太庙，每事问"并不涉及什么良知、天理等诸如此类的问题，王阳明却对此进行了创造性的理解，借以说明了良知、天理（德性之知）之于闻见之知的优先性，强调圣人之所以为圣人关键在于本体明白，能够致得良知、存得天理，而非因为能尽知名物度数、草木鸟兽之类的事事物物。由此，凸显出王阳明明本（体）、知本（体）的心学（良知学）的根本立场。再如，王阳明在为弟子黄诚甫讲解"回也孰愈"③章时，也同样表现出了这种偏重德性之知的立场。据《传习录》载：

---

① ［明］王守仁撰，吴光等编校：《王阳明全集》，上海：上海古籍出版社，2011年版。
② ［明］王守仁撰，吴光等编校：《王阳明全集》，上海：上海古籍出版社，2011年版。
③ 《论语·公冶长》，杨伯峻译注：《论语译注》，北京：中华书局，1980年版。

> 黄诚甫问"汝与回也孰愈"章。先生曰:"子贡多学而识,在闻见上用功;颜子在心地上用功,故圣人问以启之。而子贡所对又只在知见上,故圣人叹惜之,非许之也。"①

这里,王阳明借对孔子对子贡、颜回的"叹惜之,非许之"与"问以启之"的两种不同态度的解释,发挥了其明本(体)、知本(体)的心学思想。子贡"在闻见上用功",圣人"叹惜之,非许之";颜回"在心地上用功",圣人"问以启之",通过这种对比,清楚地表明了王阳明心学(良知学)重德性之知、重内在体验的根本立场。由此,我们不难发现,在王阳明心学(良知学)的立场下,良知(德性之知)相对于"闻见之知"的优先性是不言自明的。相比于朱熹"更重视经典研习、礼制讨论的意义,更强调考求物理在整个儒学知识体系中的地位,更表现出文化的意识和爱智的品格"②王阳明则更强调"德性之知"(存得天理、致得良知、发明本心)在整个儒学义理体系中的地位,更表现出了一种重内在体验的精神和贵德的品格。

当然,需要注意的是,王阳明并不是要以良知(贵德)来否定"见闻之知"(爱智),而只是强调专在"知识"上讲求并无助于本心的发明和良知的发用流行。由此,通过上述解释,王阳明以他的良知学思想来解读了孔子所谓"吾有知乎哉?无知也""其心只空空如也"的思想话语,借以强调"先立乎其大"、明本(体)的重要意义。

由此可见,在王阳明"良知""天理""本心"的本体论预设下,王阳明所谓的"工夫"就只在"致良知""存天理""明本心",无须向外去用力讲求,只要随"良知""天理""本心"活泼泼地发用流行,自可致得良知、存得天理、识得本心。对此,王阳明发挥了《论语》中孔子所谓"逝者如斯"③的说法,并

---

① [明]王守仁撰,吴光等编校:《王阳明全集》,上海:上海古籍出版社,2011年版。
② 陈来:《有无之境——王阳明哲学的精神》,北京:人民出版社,1991年版。
③ 《论语·子罕》,杨伯峻译注:《论语译注》,北京:中华书局,1980年版。

借以比喻良知活泼泼地发用流行的那种状态。据《传习录》载:

> 问:"'逝者如斯',是说自家心性活泼泼地否?"先生曰:"然。须要时时用致良知的功夫,方才活泼泼地,方才与他川水一般;若须臾间断,便与天地不相似。此是学问极至处,圣人也只如此。

王阳明认为,所谓"致良知"就是要让良知(自家心性)活泼泼地发用流行,落实于事亲、事君之上,发见于处富贵贫贱之时。他说:"心之所发便是意,意之本体便是知。意之所在便是物。如意在于事亲,即事亲便是一物;意在于事君,即事君便是一物;意在于仁人爱物,即仁人爱物便是一物,意在于视听言动,即视听言动便是一物。所以某说,无心外之理,无心外之物。"①由此来看,王阳明的所谓"致良知"是"致"良知(天理)于事事物物,这与朱熹在事事物物上"穷理"是有着根本的不同的。为此,王阳明通过以"良知"释《论语》中的"义",以"天理"释《论语》中的"礼",将《论语》中的所谓"义之与比""约礼"的思想话语转换成了其"致良知于事事物物"思想的重要理论注脚。《论语·里仁》篇中孔子说:"君子之于天下也,无适也,无莫也,义之与比。"②对此,当弟子黄勉之问王阳明所谓"义之与比"是否是对于"事事物物"而言时,王阳明就此做出了解释:

> 黄勉之问:"'无适也,无莫也,义之与比',事事要如此否?"先生曰:"固是事事要如此,须是识得个头脑乃可,义即是良知,晓得良知是个头脑,方无执着。且如受人馈送,也有今日当受的,他日不当受的,也有今日不当受的,他日当受的。你若执着了今日当受的,便一切受去,执着了今日不当受的,便一切不受去,便是'适''莫',便不是良知的本体。如何唤得做义?"③

---

① [明]王守仁撰,吴光等编校:《王阳明全集》,上海:上海古籍出版社,2011年版。
② 《论语·里仁》,杨伯峻译注:《论语译注》,北京:中华书局,1980年版。
③ [明]王守仁撰,吴光等编校:《王阳明全集》,上海:上海古籍出版社,2011年版。

这里，王阳明认为，"义"就是"良知"，所谓"无适也，无莫也，义之与比"，是说"义"（良知）是发见于事事物物的。良知发见于事事物物就是"无适""无莫"，相反，如果良知不能发见于事事物物，便是"适""莫"，便不是良知的本体。那么，如何致良知于事事物物，使其发见于其中呢？对此，王阳明在注释《论语》"约礼"的命题时进行了具体的说明。据《传习录》载：

> 爱问："先生以'博文'为'约礼'功夫。深思之未能得，略请开示。"
> 先生曰："'礼'字即是'理'字。理之发见可见者谓之文。文之隐微不可见者谓之理。只是一物。'约礼'只是要此心纯是一个天理。要此心纯是天理，须就理之发见处用功。如发见于事亲时，就在事亲上学存此天理。发见于事君时，就在事君上学存此天理。发见于处富贵贫贱时，就在处富贵贫贱上学存此天理。发见于处患难夷狄时，就在处患难夷狄上学存此天理。至于作止语默，无处不然。随他发见处，即就那上面学个存天理。这便是'博学之于文'，便是'约礼'的功夫。'博文'即是'惟精'。'约礼'即是'惟一'。"①

这里，王阳明提出，"礼"就是"理"，"约礼"就是要此心纯乎天理，此心纯乎天理就是要使其发见于事亲、事君之时，发见于处富贵贫贱时，发见于处患难夷狄时。以"理"释"礼"，以"存天理"释"约礼"，经过这种解释，《论语》中孔子所谓"约礼"的思想就被彻底纳于了王阳明"致良知""存天理""明本心"的即本体即工夫的心学（良知学）的思想框架下。当然，王阳明心学思想中所谓"知行合一"的思想命题也颇能反映其学"即本体即工夫"的重要旨趣。在《论语》诠释中，王阳明也发挥和运用了这种"知行合一"的心学观念。

其二，"知行合一"思想观念下的《论语》诠释。王阳明"知行合一"的思想命题，与其"良知—致良知"、"本心—明本心"、"天理—存天理"的观念

---

① ［明］王守仁撰，吴光等编校：《王阳明全集》，上海：上海古籍出版社，2011年版。

一致，都反映出了王阳明心学（良知学）"即本体即工夫"的根本立场，以及其学"合心与理为一"的"一世界"重要精神。在《论语》诠释中，王阳明同样基于这种"先在"的认识对孔子的思想话语进行了解读。比如，对于有人提出的孔子所谓"知及之，仁不能守之"[①]的话语是将知、行分作两个的疑问。对此，阳明解释道："说'及之'，已是行了，但不能常常行，已为私欲间断，便是'仁不能守'。"这里，在知行合一的观念"先见"下，王阳明认为，知行是合一的，不能"分作两个"，孔子说"及之"的时候已是就"行了"而言的。人之所以不能"行"，关键在于为私欲所害，故谓"仁不能守之"。王阳明通过对孔子所谓"知及之，仁不能守之"的解释，发挥了其"知行合一"的观念，强调人"知"而不"行"是"为私欲所间断"。很明显，《论语》中孔子的原意并非如此，王阳明的这种说法明显是将其纳于心学的思想框架下来进行解释而得出的结论。

此外，对于《论语》中孔子所谓"温故而知新"[②]的话语，王阳明也是在其"知行合一"的观念"先见"下去解释。孔子说："温故而知新，可以为师矣。"对此，王阳明解释道："'温故知新'，朱子亦以'温故'属之尊德性矣。德性岂可以外求哉？惟夫'知新'必由于'温故'，而'温故'乃所以'知新'，则亦可以验知行之非两节矣。"[③]这里，王阳明明显将"温故"与"知新"解释成了知行合一的关系，强调"温故"是向内用力的所谓"尊德性"，经此而后可以"知新"（即"行"）。

综上可见，在"知行合一""天理—存天理""良知—致良知""本心—本心"的即本体即工夫的思想观念下，王阳明的《论语》诠释中始终贯穿着其以"心理为一""心外无理"思想为核心的心学（良知学）立场。与朱熹的《论语》诠释一样，王阳明的《论语》诠释也是到处塞满"理""天理"之说，并且王阳明的《论语》诠释还多好言"良知"。当然，朱熹、王阳明的《论语》诠释作为理学

---

① 《论语·卫灵公》，杨伯峻译注：《论语译注》，北京：中华书局，1980年版。
② 《论语·为政》，杨伯峻译注：《论语译注》，北京：中华书局，1980年版。
③ [明]王守仁撰，吴光等编校：《王阳明全集》，上海：上海古籍出版社，2011年版。

范式下《论语》诠释的重要代表，其最主要的特质就是"理""天理"观念的融入。不过，因为朱熹、王阳明对"理""天理"的理解不同，朱熹讲"性即理""天地之性与气质之性"，王阳明则讲"心即理""致良知""明本心"，这种观念"先见"的不同又造成了其《论语》诠释的相异。为"对治"朱子"格物"说"析心与理为二"的"错误"，王阳明心学视域下的《论语》诠释通贯着一种"合心与理为一"（心外无理）的根本原则和立场。王阳明以"心理为一"为核心精神的心学（良知学）扭转了朱学教人向外"求理"的外在化倾向和"二世界"分离的痼疾，将本体、工夫都收摄到自家的身心上来讲，重内在的工夫体验、本心发明，反对屈从于经典、知识和言语。可以说，"阳明心学的内在化进路已由对外在的语义、文本和事物的对象性认识，转向为对主体自我的体认、内在本质的证悟，使认识与人的存在相统一，本体与境界融为一体了。"[①]

在以"心理为一"为核心的心学观念"先见"下，王阳明的《论语》诠释，通贯着一种教人在自家身心上做成圣成贤工夫的内在化的根本立场（明本、知本）。"通过对《论语》等经典的向'内'阐释，他提醒士人不能屈从于经典之权威，不能沉溺于辞章之泥潭，而要有主体性之挺立，才能够凭借经典而涵养德性、达致良知。"[②]王阳明在以"心理为一""心外无理"思想为核心的心学（良知学）观念"先见"下对《论语》思想话语的创造性理解，充分体现了其《论语》诠释"六经注我"的哲学化诠释的特点。正如有论者认为的："王阳明诠释《论语》的基本出发点是为了彰显自身的阳明心学，是为架构自身的'心学'理论体系服务的，属于典型的'六经注我'模式。可以理解为王阳明在'我注六经'的基础上，做了更深入的研究，融会打通经文与经文之间的思想壁垒与价值壁垒，对原有的经文加以引申、发挥，提出建设性的学术观点，建立新的思想体系，哪怕会

[①] 朱晓鹏：《从朱熹到王阳明：宋明儒学本体论的转向及其基本路径》《哲学研究》2015年第2期。

[②] 王玉彬：《阳明心学视域下的〈论语〉诠释——以朱熹〈论语集注〉为参照》《海岱学刊》2015年第1辑。

让人产生故意误读的嫌疑。"①

需要有所说明的是，王阳明的《论语》诠释是在其以"心理为一"的思想为核心的心学（良知学）观念"先见"下展开的。在"心理为一"的根本精神观念下，王阳明心学"良知""天理""本心"等本体论观念，总是也具有工夫论的意蕴可言的。也就是说，王阳明在"知行合一""良知—致良知""天理—存天理""本心—明本心"的"即本体即工夫"的思想观念下，对《论语》的诠释同样是具有本体诠释的意蕴可言的。

三、天理良知——王阳明《论语》诠释的本体诠释意蕴

在"理""天理"的本体论观念下对《论语》进行创造性诠释是宋明理学视域下《论语》诠释的主要特色，朱熹、王阳明的《论语》诠释无不体现出了这种特点。只是由于对"理""天理"本体的理解不同，导致了其《论语》诠释中所融入的理学精神也有明显的差异，其《论语》诠释的本体诠释意蕴也有不同的思想表现。大体而言，朱熹《论语》诠释的本体诠释意蕴主要表现在，在其"性即理"的本体论观念"先见"下将《论语》中所谓"性与天道"转化成了代表"天理世界"的重要思想命题，由此给"性与天道"的思想话语赋予了理学化的意义。在"性即理"的本体论观念下，朱熹在工夫论上所提倡的是"即物穷理"之说，为此在工夫论的架构上朱子多本于《大学》而立言，鲜能发挥《论语》中的思想话语。王阳明《论语》诠释的本体诠释意蕴则主要表现为，在其"心即理"的本体论观念"先见"下，以"天理""良知""本心"的"即本体即工夫"的心立场来解读《论语》的思想话语。需要再次说明的是，在"心理为一"的根本立场下，王阳明"天理""良知""本心"的本体论观念，是同时具有"存天理""致良知""明本心"的工夫论意义可言的。这就使得阳明心学（良知学）异于朱学的理与气、天地之性与气质之性的"二世界"的特点，而呈现出一种"天理—存天理""良知—致良知""本心—明本心"的"一世界"的架局。这种"一世界"

---

① 李春强：《明代〈论语〉诠释研究》，扬州大学博士学位论文，2014年。

哲学的主要所指就是强调明本（体），"先立乎其大"的重要意义，于是阳明所谓"工夫"都是收摄于"本体"上来讲的。

为此，阳明讲"行"要落实到"知"上来说，此其所谓"真知即所以为行，不行不足谓之知"[①]；讲"致良知"要落实到"良知"上来说，此其所谓"良知只在自家身心上用功"，讲"存天理"要落实到"天理"上来说，此其所谓"心外无理"。在这种"即本体即工夫"的观念"先见"下，阳明《论语》诠释的本体诠释意蕴就主要表现为，将《论语》中"学"与"思""学"与"习""温故"与"知新""博文"与"约礼""修己"与"安百姓"[②]等"两物（事）"都合二为一来讲，避免将其"分作两节"，从而使其具有了"知行合一""致良知"的心学意蕴。

比如，对于"学"与"思"，阳明注释曰："其实思即学也……只悬空去思，要想出一个道理，却不在身心上实用其力，以学存此天理。思与学作两事做，故有'罔'与'殆'之病。其实思只是思其所学，原非两事也。"[③]阳明强调，学就是思，思就是学，学是学存此天理，思只是思其所学（学存此天理）。通过这样的解释，阳明"缝合"了《论语》中"思"与"学"作为"两事"的"缝隙"，由此表现了其心学（良知学）那种强调"知行合一""致良知""存天理"的即本体即工夫的观念。同样，对于"学"与"习"，阳明也是在其"即本体即工夫"的良知学观念"先见"下将其合为一事来说。他在与弟子讨论《论语》中孔子所谓"学而时习之，不亦说乎"的话语时说：

> 学是学去人欲、存天理。从事于去人欲、存天理，则自正诸先觉，考诸古训，自下许多问辨思索、存省克治工夫，然不过欲去此心之人欲，存吾心之天理耳。若曰"效先觉之所为"，则只说得学中一件事，事亦似专求诸外了。"时习"者，"坐如尸"，非专习坐也，坐时习此心也；"立

---

① ［明］王守仁撰，吴光等编校：《王阳明全集》，上海：上海古籍出版社，2011年版。
② 《论语·宪问》，杨伯峻译注：《论语译注》，北京：中华书局，1980年版。
③ ［明］王守仁撰，吴光等编校：《王阳明全集》，上海：上海古籍出版社，2011年版。

如斋",非专习立也,立时习此心也。"说"是理义之"说",我心之"说";人心本自说理义,如目本说色,耳本说声,惟为人欲所蔽所累,始有不说;今人欲日去,则理义日洽浃。安得不说?①

这里,阳明指出,"学"是学去人欲、存天理,"习"非专习坐也,坐时习此心。其实,其所谓"学去人欲,存天理""习此心",都是将"学""习"拉回到主体内在自身来说的。通过这种解释,阳明不仅赋予了"学"与"习"心学(良知学)下的工夫论的意义,而且也将"学"与"习"合为了一事。也就是说,王阳明的这种解释是基于其心学(良知学)的即本体即工夫的根本立场来展开的。它是王阳明心学(良知学)的良知、天理、本心的"即本体即工夫"的观念在《论语》诠释中的重要表现和运用。

此外,《论语》中的"博文"与"约礼""温故"与"知新""修己"与"安百姓"等"两事(物)",王阳明也在其"即本体即工夫"的良知、天理的观念下将其合为一体了。对于"约礼",阳明注曰"只是要此心纯是一个天理",而所谓"博文"就是"随他发见处,即就那上面学个存天理"②。对于"温故"与"知新",阳明注曰"惟夫'知新'必由于'温故',而'温故'乃所以'知新',则亦可以验知行之非两节矣"③。这样,所谓"温故—知新"其实就被转化成了阳明心学(良知学)观念下"知—行""良知—致良知""天理—存天理"的那种"即本体即工夫"的关系,也被合为一体了。又如孔子言"修己以安百姓",阳明注曰"修己"便是"明明德","安百姓"便是"亲民"④。这样,"修己"(明明德)—"安百姓"(亲民)其实也被合为一体,纳入了阳明心学(良知学)"知—行""良知—致良知""天理—存天理"的那种"即本体即工夫"的观念框架之下。

在《论语》诠释中,王阳明将《论语》中"学"与"思""学"与"习""温故"

---

① [明]王守仁撰,吴光等编校:《王阳明全集》,上海:上海古籍出版社,2011年版。
② [明]王守仁撰,吴光等编校:《王阳明全集》,上海:上海古籍出版社,2011年版。。
③ [明]王守仁撰,吴光等编校:《王阳明全集》,上海:上海古籍出版社,2011年版。
④ [明]王守仁撰,吴光等编校:《王阳明全集》,上海:上海古籍出版社,2011年版。

与"知新""博文"与"约礼""修己"与"安百姓"等"两物（事）"都合二为一来讲，使其具有了心学（良知学）那种知行合一、致良知、存天理的新内涵。王阳明将《论语》中"学"与"思""学"与"习""温故"与"知新""博文"与"约礼""修己"与"安百姓"等都收摄到天理、良知、本心的"即本体即工夫"的观念下来讲，将《论语》的思想资源转化为其"发明"心学（良知学）"良知—致良知""天理—存天理""本心—明本心"的"一世界"哲学精神的重要理论注脚。如是这样，王阳明对"学"与"思""学"与"习""温故"与"知新""博文"与"约礼""修己"与"安百姓"等，思想话语的诠释，无疑可以被视为是其良知、天理、本心的本体论（和合工夫论）观念在《论语》诠释中的具体表现和运用。王阳明在良知、天理、本心的本体论（和合工夫论）观念下进行的《论语》诠释，其本体诠释的意蕴是不言自明的。这种在以良知、天理、本心的本体论（和合工夫论）思想为核心的心学（良知学）观念"先见"下对《论语》文本的创造性理解，充分反映了王阳明《论语》诠释"六经注我"的哲学化诠释的学术特色。

第四章[①]
现代新儒学视域下的《论语》诠释
——以钱穆、梁漱溟为例

现代新儒学是现代新儒家学人为回应"五四"新文化运动反孔批儒思潮,而致力于实现的儒学现代转化和创新的文化保守主义的思想潮流。在"古今中西"的思想文化的纠葛下,现代新儒学虽然在一定意义上打破了传统儒学那种完全依傍对一部或几部儒家经典(比如"五经""四书")进行诠释而实现儒学义理创新的经学诠释模式,然对儒家经典的理解和诠释仍然是现代新儒学建构不可或缺的重要环节。只是现代新儒学思潮下的经典诠释是现代新儒家学人在回应"五四"反孔批儒思潮,实现儒学现代重建的时代"先见",以及现代新儒学思想的观念"先见"下对儒家经典文本做出的创造性理解。就《论语》的诠释而言,现代新儒家虽很少有专门诠释《论语》的作品(除钱穆《论语新解》、马一浮《论语大义》外),然在其新儒学的著述中也多涉及对孔学的解读、对《论语》思想话语的诠释,从这些内容来看当然也可以反映出现代新儒学视域下《论语》诠释的一些重要端倪。对此,以下我们主要以钱穆、梁漱溟《论语》诠释为例,说明现代新儒学思潮下《论语》诠释的一些重要特点和精神。

关于现代新儒家的主要代表人物的问题,不同的学者往往有不同的意见。对此,刘述先先生基于公认的现代新儒家的主要代表,提出了"三代四群"的著名论说。所谓现代新儒家"三代四群"的人员构成包括:"第一代第一群:梁漱溟、熊十力、马一浮、张君劢;第二群:冯友兰、贺麟、钱穆、方东美;第二代第三群:唐君毅、牟宗三、徐复观;第三代第四群:余英时、刘述先、成中英、杜维明。"[①]除了余英时先生不喜以"新儒家"自居,也不赞同将乃师归于"现代新儒家"的

---

① 刘述先:《现代新儒学研究之省察》,台北:《中国文哲研究集刊》第 20 期。

行列外①，刘述先"三代四群"说所包含的现代新儒家的 15 人的构成名单还是为学界所普遍认可的。就"现代新儒家与《论语》诠释"这一主题而言，在上述现代新儒家的主要代表人物中，有专门诠释《论语》之著作的只有马一浮的《论语大义》和钱穆的《论语新解》。为何会出现这种局面？其实，不难理解，以"接着宋明讲"为主要精神标识的现代新儒学，其学术源头主要是宋明理学，而非是以孔子、孟子、荀子等所代表的先秦原始儒学。比如，马一浮、钱穆的"新儒学"以心学和理学之调和为要；牟宗三、贺麟的"新心学"以陆王心学为宗；而冯友兰的"新理学"则以程朱理学为本。

当然，现代新儒家任何的儒学现代转化和创新自是无法绕开孔子、《论语》的思想精神，其他现代新儒家的代表人物虽没有专门诠释《论语》的作品，但其相关著述中自是或多或少都涉及对《论语》中的思想话语的解读和理解，就这点而言，梁漱溟的相关著述中对"孔学"、《论语》的研究可谓用力最深。以梁漱溟对"孔学"研究的相关论著作为文本基础，自是可以让我们来探讨"梁漱溟与《论语》诠释"的问题。更为重要的是，马一浮的《论语大义》、钱穆的《论语新解》和梁漱溟对《论语》的诠释都有一个重要特色，即在于用《论语》的思想资源来"发明"其新儒学的主张。其中，马一浮的《论语大义》是其基于以"六艺论"为核心的新儒学思想对《论语》的新解读；而钱穆的《论语新解》则是其基于以"天道—人心"为核心的新儒学思想对《论语》的新解读；至于梁漱溟对"孔学"《论语》的理解则贯穿着其"生活儒学"的根本观念。本章拟以马一浮的《论语大义》、钱穆的《论语新解》和梁漱溟对《论语》的诠释为例，来说明现代新儒家《论语》诠释的"六经注我"的哲学化诠释特点。需要说明的是，马一浮《论语大义》"六经注我"的哲学化诠释特点主要表现为，以《论语》文本的思想话语来注释其以"六艺论"为核心的新儒学思想。关于马一浮《论语》诠释的这种突出特点，目前学界已经有较为翔实的研究成果②，笔者自恃才疏学浅，

---

① 余英时：《钱穆与新儒家》，《中国文化》1992 年第 1 期。
② 刘斌的博士学位论文《民国〈论语〉学研究》设有专章来分析这个问题，韩焕忠《马一

恐难于此再有新论，因此，本章特以钱穆的《论语新解》和梁漱溟对《论语》的诠释为例，来说明现代新儒家《论语》诠释的"六经注我"的哲学化诠释特点的问题。当然，鉴于马一浮《论语大义》所表现出的那种"六经注我"的哲学化诠释的突出特点，对此我们虽不系统研究，但也需要进行一些必要的介绍。

马一浮的新儒学思想以"六艺论"为核心，他主张以"六艺"来统摄诸学，建构能够合乎现代社会要求的新型儒学。什么是"六艺"？马一浮所说的"六艺"当然就是儒家所谓的《诗》《书》《乐》《易》《礼》《春秋》。据儒家经典《礼记·经解》所载："温柔敦厚，《诗》教也。疏通知远，《书》教也。广博易良，《乐》教也。洁净精微，《易》教也。恭俭庄敬，《礼》教也。属辞比事，《春秋》教也。"另，《庄子·天下篇》也言："《诗》以道志，《书》以道事，《礼》以道行，《乐》以道和，《易》以道阴阳，《春秋》以道名分。"基于对儒学传统的深刻洞见，马一浮主张以"六艺论"为核心，圆融程朱陆王，会通释老，将一切学问尤其是西学统合于"六艺之道"之下，进而建构一种新的现代儒学。他说："唯六艺足以当之。六艺者，即是《诗》《书》《礼》《乐》《易》《春秋》也。此是孔子之教，吾国二千余年来普遍承认。一切学术之原，皆出于此，其余都是六艺之支流。故六艺可以该摄诸学，诸学不能该摄六艺"。[①]又"六艺者，不唯统摄中土一切学术，亦可统摄现在西来一切学术。举其大概言之，如自然科学，可统于《易》，社会科学（或人文科学）可统于《春秋》。因《易》明天道，凡研究自然界一切现象者，皆属之。《春秋》明人事，凡研究人类社会一切组织形态者，皆属之。"[②]据此而言，马一浮的新儒学可以说是以"六艺论"为核心的现代儒学，即以"六艺"为框架，融合"古今中西"的一切优秀文化精神以形成一新的儒学范式。

浮对〈论语〉的佛学解读》一文对此也有较深入地研究。（刘斌：《民国〈论语〉学研究》，山东大学2008年博士学位论文；韩焕忠：《马一浮对〈论语〉的佛学解读》，《苏州大学学报》2011年第1期。）

① 刘梦溪主编、马镜泉编校：《中国现代学术经典·马一浮卷》，石家庄：河北教育出版社，1996年版。
② 刘梦溪主编、马镜泉编校：《中国现代学术经典·马一浮卷》，石家庄：河北教育出版社，1996年版。

就《论语》诠释而言，马一浮《论语大义》的主要特色就是，在"六艺论"为核心的新儒学观念"先见"下对《论语》之"大义"进行了新的阐发。他主张，《论语》之"大义"不出"六艺之教"。这也是其在说明《论语大义》的撰作目的时所明确说明的："今当略举《论语》大义无往而非六艺之要。"① 对此，学者韩焕忠也一针见血地指出："马一浮运用佛教判教的方式，将《论语》摄属于六艺。"② 另外，刘彬也认为，《论语大义》是马一浮以"六艺论"为纲领完成的一部独具特色的大著，他说："《论语大义》的主要内容即在由《论语》推见作为'判教'的'六艺'之教。"③

从《论语大义》的主要内容来看，其主体部分就是分别讨论了《论语》与"六艺之教"的问题，据学者统计，马一浮分十次先后阐明了《论语》中所见的《诗》教、《书》教、《礼》教、《乐》教、《易》教和《春秋》教[4]。当然，《论语》之"大义"是否是"六艺之教"是可以商榷的问题，然马一浮的这种《论语》观背后所反映出的，正是其对《论语》的"六经注我"式的哲学诠释的特色。可以说，马一浮的《论语大义》是其带着建构现代儒学的时代"先见"和以"六艺论"为核心的新儒学的观念"先见"对《论语》文本的创造性诠释和理解，它典型地反映出了现代新儒家《论语》诠释"六经注我"的哲学诠释之特色。④ 囿于学界对此研究已较为成熟，对马一浮《论语大义》的哲学诠释特色在此不做专题讨论。以下我们主要以钱穆、梁漱溟的《论语》诠释为例来说明现代新儒家《论语》诠释"六经注我"的哲学诠释特色的问题。

现代新儒家中，专门注释《论语》的著作当以钱穆的《论语新解》作为主要代表。提及《论语新解》，今人多将其归于史学视野（经学诠释）下现代《论语》诠释的典范之作，对此，我们则认为，钱穆的《论语新解》其实也同样具有"六

---

① 刘梦溪主编、马镜泉编校：《中国现代学术经典·马一浮卷》，石家庄：河北教育出版社，1996 年版。
② 韩焕忠：《马一浮对〈论语〉的佛学解读》，《苏州大学学报》2011 年第 1 期。
③ 刘斌：《民国〈论语〉学研究》，山东大学 2008 年博士学位论文。
④ 参阅刘斌：《民国〈论语〉学研究》，山东大学 2008 年博士学位论文。

经注我"的哲学化诠释的向度可言,具体来说,钱穆的《论语》诠释也是在现代新儒学的观念"先见"下展开的(虽然他不主张如此),他所谓为《论语》作的"新解"其实也多掺入了自己的"私见"。在我们看来,钱穆的《论语新解》就是其在"使现代人人人可读《论语》"的时代"先见",以及以"心—学—道"为核心的新儒学的观念"先见"下对《论语》文本做出的创造性理解。我们虽要注意钱穆思想学术的"史学化"的进路,然其《论语》诠释也与梁漱溟等现代新儒家的《论语》诠释一样表现出了一种"六经注我"的哲学化诠释的特点。

梁漱溟的《论语》诠释是其回应"五四"反孔批儒思潮、重新建构现代儒学的时代"先见",以及以"直觉(情感)—生活"为基本逻辑的"生活"儒学思想的观念"先见"下对《论语》文本做出的创造性理解。他将其具有本体论意义的"情感""直觉"的观念作为诠释《论语》的根本立场和方法,充分体现了本体论的观念和方法在其《论语》诠释中的运用,反映了梁漱溟的《论语》诠释的本体诠释意蕴。

第一节 钱穆现代新儒学观念下的《论语》诠释

钱穆的《论语新解》是其在"使现代人人人可读《论语》"的时代"先见",以及以"心—学—道"为核心的新儒学的观念"先见"下对《论语》文本做出的创造性理解。我们虽要注意钱穆思想学术的"史学化"的进路,然其《论语》诠释也与梁漱溟等现代新儒家的《论语》诠释一样表现出了一种"六经注我"的哲学化诠释的特点。

一、"人人可读《论语》"——钱穆《论语》诠释的现代"先见"

钱穆一般会被视为是现代新儒家的重要代表,虽然他本人对"新儒家"之称号辞而不受,其弟子余英时也因其学术立场、治学路径和方法与新儒家的迥然不同,而将之归于"新儒家"之外的所谓"史学家"之列。对此,在我们看来,就钱穆对以儒家为主要代表的中华文化的"同情了解"之基本立场,以及其对儒学思想的发展和创新而言，钱穆当是现代新儒家的代表无疑，当然，这不妨碍其作为史学家的身份。只是钱穆的新儒学思想是从历史主义的路径切入而开出，此颇不同于现代新儒家的主流冯友兰、熊十力、牟宗三、唐君毅等那种哲学的进路。正如余英时指出的，这种"史学家的态度"，是他与"新儒家"诸大哲的分野之处①。

在"五四"新文化运动反孔批儒的时代浪潮下，现代新儒家学人满怀对儒家文化的温存和敬意，矢志接续孔门道统，护持儒家文化之价值，谋求儒家文化的现代转化和创新，以为儒家思想存活于现代社会开出一个理由，此现代新儒学之所由兴也。然而，不同于冯、熊、牟、唐等新儒家学人在哲学的进路下对儒学的"形而上的保存方式"（林安梧语）②，钱穆则另从"历史主义"的进路切入开出了儒学现代新思，护持了儒家文化之价值。在哲学形而上学的进路下，冯友兰、牟宗三等以"接着宋明讲"为务，借西方的哲学资源来"发明"儒学的义理精神，构创了所谓"新理学""新心学"。冯友兰、牟宗三等对中国儒学史的照察，对孔孟荀、程朱陆王等大儒之思想的评断都与其"新理学""新心学"的立场有莫大关联。与此不同，钱穆是在一种历史主义的视野下来讨论儒学的过去、现在和未来的。他认为："中国文化问题，实非仅属一哲学问题，而是一历史问题。中国文化表现在中国已往全部历史过程中。除却历史，无从谈文化，我们应从全部历史之客观方面，来指陈中国文化之真相。"③在现代学术中，钱穆以"历史主义"来关注哲学和史学④，试图通过对中国儒学发展历史的考察和研究，提出儒学现代转化和开新的思考。历史主义的进路是钱穆新儒学思想之所以不同于冯友兰、熊十力、牟宗三等现代新儒家的主流之处，然其所同者又在于，钱穆在历史主义的视野下所体认出的儒学现代新思，总会自觉不自觉地成为其评断儒学历史、诠

---

① 余英时：《钱穆与新儒家》，《现代儒学论》，上海：上海人民出版社，2010年版。
② 林安梧：《儒学革命——从"新儒学"到"后新儒学"》，北京：商务印书馆，2011年版。
③ 钱穆：《中国文化史导论》，台北：正中书局，1951年版。
④ 陈启云：《钱穆的儒学观念与中国文化》《中国文化研究》2007年第3期。

释儒家经典的某种"先在"的立场和观念。由此，在钱穆的思想学术中，尤其是新儒学思想中，表现出了一种历史与逻辑的复杂互动的关系。

从钱穆的《论语新解》来看，其学术思想中这种历史与逻辑的辩证互动关系在其《论语》诠释中比较深刻地反映了出来。

在历史主义的进路下，钱穆认为，人都是历史语境中的具体的人，古代的《论语》注本未必完全适合作为现代人了解孔子儒学思想的经典文本，现代人读《论语》仍需要一本人人可读的注本。他指出，现代人读《论语》多用朱熹的注本，然事实上朱注理学色彩过于浓厚，我们虽不能认为其无益于发明孔子原意，但对于不懂宋明理学的人来说是难于从中得见孔子儒学的真精神的。他说："朱子终是带有宋代理学一番极浓厚的气息，我不是说宋代理学无当于孔孟原意，我之作新解，乃是要冲淡宋代理学气息来直接作解，好让不研究宋代理学的人也能直接了解《论语》。"①

对此，钱穆以朱熹对《论语》中最重要的两个概念"仁"和"礼"的注释来说明。朱注虽持论高远，值得今人细细玩味，然今人读《论语》对此大义可先"存而不论"。何谓"仁"和"礼"？朱子注曰："仁者，爱之理，心之德。"又说："礼者，天理之节文，人事之仪则。" 钱穆认为，朱子是经千锤百炼而始定下此两个界说的。朱子所定下的界说，虽非无当于《论语》原文之本义，然而朱注所下界说，实比《论语》本文使读者有更难体会之苦痛。若我们真要把此"爱之理，心之德""天理之节文，人事之仪则"十六字，细细咀嚼，便会发觉其中比《论语》本文所论远为深广。由此十六字，可以引申出更多问题，但是，对于此等问题，在我们读《论语》时，实暂可不必理会。由此来看，钱穆虽极推重朱注所发明之大义，然此深广之大义、此引申出之大问题，并不适合一般人去探讨和深究。因此，他主张："在宋代理学盛行时，不能无朱注。在我们此时，时代变了，则不能不在朱注外来另作一新注。"② 毕竟朱子集注成书，距今也已过 700 年，有些

---

① 钱穆：《漫谈〈论语新解〉》《孔子研究》1986 年第 3 期。
② 钱穆：《漫谈〈论语新解〉》《孔子研究》1986 年第 3 期。

我们应该用现时代的语言和观念来为《论语》作新解，好使人读了亲切有味，易于体会①。也就是说，朱熹《论语集注》只是宋明理学思潮下属于宋明人的注本，现代人读《论语》需要有适合自己时代的注本。

同样，钱穆还提出，清代汉学盛兴，考据学家们的《论语》注本虽在校勘训诂考据等各方面，超越前代甚远，纠正朱注误处的也不少，然"各家改订朱注，亦复异说分歧"。不仅如此，"清儒说《论语》，究竟太求在考据上见长，而忽略了《论语》本文中所涵之义理。因此读清儒说《论语》，乃只见有考据，不见有义理，既近买椟还珠之诮，亦陷于歧途亡羊之失。"②因此，清人的《论语》注本也具有时代之局限性，难于适合现代人读《论语》的要求。现代人读《论语》需要有兼采汉注《论语》和宋注《论语》成就的、融入现代语言和观念的新的注本。

在"历史主义"的视野下，钱穆分析了汉注《论语》和宋注《论语》的成就和局限，并矢志在综合汉宋的基础上为《论语》作"新解"，以期现代人人人可读《论语》。余英时说："我们可以说'史学立场'为钱先生提供了一个超越观点，使他能够打通经、史、子、集各种学问的千门万户。"③在"历史主义"的视野下，钱穆为《论语》作"新解"以为现代人提供一个人人可读的《论语》注本作为主要学术追求。正如他自己在《论语新解》的序言中所坦言的："《论语》虽为一部中国人人必读书，注《论语》者虽代不乏人，而就今言之，则仍缺一部人人可读之注。此余之《新解》所由作也。"另外，正是基于对《论语》注的历史考察，钱穆《论语新解》还具有一种汉宋兼宗，义理、考据、辞章并重的色彩。也就是说，钱穆为《论语》作"新解"就是试图在综合汉注《论语》和宋注《论语》成就，兼顾义理、考据、辞章的基础上，能够为现代人提供一部人人可读的《论语》注。可以说，"人人可读《论语》"正是钱穆注释《论语》的主要时代关切。在这种时代关切下，钱穆为《论语》作"新解"只力图为现代人读懂《论语》、了

---

① 钱穆：《漫谈〈论语新解〉》《孔子研究》1986年第3期。
② 钱穆：《漫谈〈论语新解〉》《孔子研究》1986年第3期。
③ 余英时：《钱穆与新儒家》《现代儒学论》，上海：上海人民出版社，2010年版。

解孔子愿意提供一种方便，而不像朱熹注《论语》那样掺入自己的意志，发挥自己的见解。

然而，吊诡的是，钱穆以朱注《论语》为参照，试图淡化甚至消解朱注的理学化色彩，而直探《论语》文本中孔子之原意的学术努力中，其所体认到的儒学精神，其所讲明的"孔子思想"其实也未必完全符合孔子之本义。应该说，钱注《论语》虽标榜义理、考据、辞章并重，然事实上其"新解"中也多有钱穆的义理发明。应该说，我们丝毫不怀疑钱注《论语》在"解释《论语》原文之本义"上的贡献，然其所解释的义理或并非是《论语》本义，而也多可能是钱穆的"己意"。他在《漫谈〈论语新〉》中说："我写《新解》，虽然说是义理、考据、辞章三方面兼顾，主要自以解释义理为重。……我为《论语》作《新解》，只重在解释《论语》原文之本义。……由此可知我们固是要读《论语》来通义理，但亦要通了义理再来读《论语》。"① 其实其所谓"通了义理再来读《论语》"就是在对孔子儒学精神有所体认后再来读《论语》，然通了义理，体认了孔子儒学精神后再来读《论语》，又总难于避免在自觉不自觉中加入"己见"。

由此，尽管他一再说明其注《论语》不立己意，只为今人了解《论语》本文提供方便："我做新解的用意，只在求能帮助读者获得些方便去了解《论语》本文；并不是要自创一说，或自成一家言。离开了《论语》原文，我的新解便更无少许剩余的独立价值可言，那便是我的成功，那便是我做新解时所要到达的一个理想境界。"② 今人也多将其《论语新解》归于史学视野（经学诠释）下现代《论语》诠释的典范之作，然事实上，在我们看来，钱穆的《论语新解》也同样具有"六经注我"的哲学化诠释的向度，具体来说，钱穆的《论语》诠释也是在现代新儒学的观念"先见"下展开的（虽然他不主张如此），他所谓为《论语》做的"新解"其实也多是自己的"先见"。如果说朱注《论语》掺入了其理学思想的

---

① 钱穆：《孔子与论语》，《钱宾四先生全集第四册》，台北：台北联经事业出版公司，1998年版。

② 钱穆：《漫谈〈论语新解〉》《孔子研究》1986年第3期。

"先见"的话，那么，钱穆的《论语新解》则也融入了其新儒学思想的"先见"。只是钱注《论语》的新儒学思想"先见"是由历史主义的进路切入而确立的，此不同于冯友兰、熊十力、牟宗三等多由哲学思辨、形而上学的路径来架构新儒学。

总之，使现代人"人人可读《论语》"是钱穆为《论语》做"新解"的主要时代关怀，也可以说这是其《论语》诠释的时代"先见"。在这种学术关怀下，钱穆从其历史主义的学术视野出发，既不取朱熹那种抽象的以"天理"本体为核心的理学思想观念，也不以现代新儒家主流那种形而上学的哲学路数来讲孔子、注《论语》，而是从最贴近人的经验生活的"人心—人道"的平实立场来为《论语》做"新解"。钱穆认为，贴近人的经验生活的"人心—人道"的平实立场才是《论语》、孔子的本来立场，只有从此思想进路而入才能真正读懂《论语》、了解孔子，相反，套用西方哲学的框架来读《论语》、解孔子并不能使吾人真正得其真义。他说："读《论语》，应该依照孔子的思路来读，才能于孔子有了解。今试问孔子思想究从何路入？这一问题，其实在《论语》里是表现得明白可见的。思想从入之路不同，因此其表达方法也不同。孔子思想之表达方法，也即在《论语》里明白可见。因此我们只该从《论语》本书来了解孔子思想，不该先自束缚在西方哲学之格套中来寻求。"[①]基于这种认识，钱穆改变了朱熹那种以抽象的"天理"观念来发明《论语》义理精神的做法，在平实的"人心"的观念下来讲孔子、注《论语》。如果说，朱注《论语》是在其以"天理"本体为核心的理学的观念"先见"下展开的话，那么，钱注《论语》则是在其由历史主义（儒学史）的进路而"体贴"出的以"人心—人道"思想为核心的新儒学的观念"先见"下进行的。

二、天理到人心 —— 钱穆"心·学·道"观念"先见"下的《论语》诠释

钱穆为《论语》做"新解"是以朱注《论语》作为参照和重心的。朱注《论语》充塞着"天理"二字，是朱熹在其和合本体、心性、工夫的理学思想框架下对《论

---

① 钱穆：《漫谈〈论语新解〉》，《孔子研究》1986 年第 3 期。

语》文本做出的宋代理学式的注解。相比而言，钱注《论语》则满是"心""人心"的话语，它是钱穆在其以"心—学—道"为核心的现代新儒学的观念"先见"下对《论语》文本做出的创造性理解。在"性即理"的本体论、天地之性和气质之性的心性论立场上，朱熹开出了"变化气质""涵养用敬""居敬穷理"的工夫论主张，由此形成了理论颇为周延条贯的程朱理学思想体系。朱熹的《论语集注》中也多表现和运用了这套理学的义理和观念。与朱注《论语》不同，也与现代新儒家的主流套用西方哲学形而上学的框架来讲孔子不同，钱穆讲孔子、注《论语》是以最贴近人的经验生活的"人心"的观念来立说的。

钱穆讲孔子、注《论语》不去讲什么本体、心性、工夫的抽象话语，而只是在人的经验生活的平实处去说"人心—人道"，并由此而特推重孔子所谓"学"的意义。这种以"心—学—道"的思想为核心的现代新儒学体系，正是钱穆《论语》诠释的主要观念"先见"之所在。那么，如何理解钱穆新儒学思想中"心—学—道"的观念逻辑呢？简单来说，其主要意涵在于，人皆有此"人心"，"学"而后能达至理想的"人道"。很明显，钱穆的"心论"虽有契合宋明理学之处，然大体而言，这是其在历史主义的学术进路下平章程朱陆王而"自家体贴出来"的。钱穆讲"心"既不是照搬陆王的"心本体"，又不与朱熹的"理本体"根本对立，事实上钱穆常常把"心"提到"宇宙心"（本体论）的高度去说的。在《灵魂与心》一文中，钱穆对"心"的本体性质有这样的论述："一切宇宙人生，便都在此人类自身的心上安顿。从人心认识到性，再从人之心性认识到天。由此便由人生问题进入到宇宙问题，这里便已达到西方哲学所谓形而上学的境界。这是孔孟以下儒家思想之主要精神，可说是一种人心一元论。若用流俗话说之，可谓良心一元论。"[①]

就此而言，钱穆的"心论"又是与陆王之说相近与朱熹之学相通的。所不同的是，钱穆好讲"人心"，即偏重讲"心"的经验性、现实性、当下性，而程朱

---

① 钱穆：《灵魂与心》，桂林：广西师范大学出版社，2004年版

陆王讲"天理""本心""良知"则多着眼于其抽象超越的形而上的意义。钱穆所强调的是人心一元论,这其实是与先秦儒家的主张是一致的,所注重的是人心的现实性与现世性。他说:"中国传统文化传统人生之深厚圆到处,但却只由人当下眼前去认取。此处即是现实人心之一元观。"①此一不同当然是与钱穆独特的历史主义的治学路数有莫大关联的。

在历史学的进路下,钱穆探寻学问的重心,不是历史发展的规律、社会前进的趋向,而是"人生的内在面",也就是余英时说的为中国人招"魂"②。什么是"人生的内在面"呢?钱穆认为,人生分两面,表现外在的有人所创造的物、人所经营的事,"开物成务";而表现内在的,是人生的理想与目的,这一面,中国人称为"道"。可见,钱穆所谓的"人生的内在面"就是人生的理想与目的,这就是中国人说的"道"。钱穆还提出,作为人生理想与目的的"道"必以人内在的情感(人心)作为依据。"中国传统文化理想,必以每一个人之内在情感作核心。"③由人的内在情感(人心)讲到人生的理想与目的(道),并强调通过"学"而达到此人生的理想与目的,即钱穆在历史主义的进路下所体认到的以"心—学—道"思想为核心的新儒学思想。

由此来看,在"五四"新文化运动反孔批儒的时代浪潮下,钱穆维护儒学价值之努力,并不像宋明理学家和现代新儒家的主流那样采取一种形而上学的论述方式,去讲抽象的天理、本心和良知等,而是在社会历史的语境中去讲"人"、讲"人心"、讲"人道"。钱穆认为,孔子、儒家所开出的人生的目的与理想(道)的依据是内在于人的"人心",而并不是宋明理学家说的"天理",也不是西方基督教说的什么灵魂与上帝。对此,钱穆在1943年发表的《孔子与心教》一文中十分精彩地表述了这种思想,并由此比较了孔子学说和基督教及其他宗教的异同点。他说:

---

① 钱穆:《中国学术通义》,北京:生活·读书·新知三联书店,2002年版。
② 何晓明:《论钱穆学术研究的内在理路》,《江海学刊》2013年第2期。
③ 钱穆:《中国文化与中国人》《新亚遗铎》,北京:生活·读书·新知三联书店,2004年版。

第四章 现代新儒学视域下的《论语》诠释——以钱穆、梁漱溟为例

我们可以说西方的宗教为上帝教，中国的宗教则为"人心教"或"良心教"。西方人做事每依靠上帝，中国人则凭诸良心。西方人以上帝意旨为出发点，中国人则以人类良心为出发点。西方人必须有教堂，教堂为训练人心与上帝接触相通之场所。中国人不必有教堂，而亦必须有一训练人心使其与大群接触相通之场所。此场所便是家庭。中国人乃以家庭培养其良心，如父慈子孝兄友弟恭是也。故中国人的家庭，实即中国人的教堂。中国人并不以家庭教人自私自利，中国人实求以家庭教人大公无我。

1964年，钱穆发表《从朱子论语注论程朱孔孟思想歧点》一文，文中指出程朱与孔孟的最大不同之处在于对"性与天道"的阐释上[1]，他强调，孔孟不好言抽象的"性与天道"，他们讲的是人心，由人心而讲天道，并非相反而立言。程朱与孔孟的歧点正在于是本天理还是本人心而立言。由此可见，从贴近人的经验生活的"人心"（不是"天理"）的角度为儒家的道德价值理想（道）开出一个合法性的理据，这应该说是钱穆在其史学的立场下，为维护儒家的文化价值而另外开辟的一种独特思想路径。或许正是鉴于钱穆从历史文化生命的视角来维护传统文化的价值[2]的学术贡献，方克立先生才会将其誉为"在史学领域高举现代新儒家旗帜，反对'尽废故常'的历史虚无主义，维护中国历史文化精神的第一人"，无疑，钱穆的这一努力对"五四"彻底反传统起了一种纠偏的作用[3]。

从人心讲到人道，以"心—学—道"的思想为内在线索，构成了钱穆新儒学思想的主要内容。这就是钱穆解孔释孔、评断儒学的"先在"的基本立场和观念。就《论语》诠释而言，钱穆主张"通义理而后读《论语》"，其所谓的"义理"在很大程度上就是他在儒学史的进路下所体认到的以"心—学—道"思想为核心的现代儒学新思。尽管钱穆的《论语》诠释以"不私立己见""不独创一说"为

---

[1] 杨华东：《钱穆〈论语新解〉研究》，西南民族大学学位论文，2012年，第17页。
[2] 朱人求：《钱穆文化哲学探微》，《福建师范大学学报》（哲学社会科学版）2008年第4期。
[3] 方克立：《现代新儒学的发展历程》（上），《南开学报》（哲社版）1990年第4期。

理想追求，然事实上其所作的"新解"也无可避免地带入了他的这种以"心—学—道"思想为核心的新儒学的观念"先见"。概言之，《论语新解》可以说是钱穆在其以"心—学—道"思想为核心的新儒学的观念"先见"下对《论语》文本做出的创造性的理解。钱穆对《论语》文本的解读和注释，不能完全离开其所体认到的这种现代儒学新思。对此，我们可以从以下几个方面来说明钱穆是如何在其以"心—学—道"思想为核心的新儒学的观念"先见"下来诠释《论语》的。

第一，以"人心—人道"的观念释"本立而道生"，在"心—学—道"的新儒学整体观念下对《论语》的诠释。对此，钱穆通过对《论语·学而》篇中"其为人也孝悌"一章的阐释，集中表现了其以"心—学—道"思想为核心的新儒学的观念。《论语·学而》篇载：

> 有子曰："其为人也孝悌，而好犯上者，鲜矣。不好犯上，而好作乱者，未之有也。君子务本，本立而道生。孝悌也者，其为仁之本与？"①

对"本立而道生"的话语，钱穆注曰："孔子之学所重最在道。所谓道，即人道，其本则在心。人道必本于人心，如有孝弟之心，始可有孝弟之道。有仁心，始可有仁道。本立而道生，虽若自然当有之事，亦贵于人之能诱发而促进之，又贵于人之能护养而成全之。凡此皆赖于学，非谓有此心即可备此道。"②显然，就《论语》文本的原意而言，这一章中并不涉及"人心"的观念。钱穆着重发挥了"本立而道生"的说法，强调"道即人道""人道必本于人心"，有孝悌之心始可有孝悌之道。在这一章下的"按语"中，钱穆进一步说明："然人道必本于人心，故孟子又曰'仁，人心也。'本于此心而有此道。此心修养成德，所指极深极广。由其最先之心言，则是人与人之一种温情与善意。发于仁心，乃有仁道。"③在钱穆看来，人道（仁道）是由人心（仁心）而发的，人心是人道的内在依据。

---

① 《论语·学而》，杨伯峻译注：《论语译注》，北京：中华书局，1980年版。
② 钱穆：《论语新解》，北京：九州出版社，2011年版。
③ 钱穆：《论语新解》，北京：九州出版社，2011年版。

当然，他还强调，有此人心斯有此人道虽是自然当有之事，然还必"赖于学"才能使心发而为道，此其所谓"能诱发而促进之""能护养而成全之"。在这种认识下，钱穆这样去解释"孝悌也者，其为仁之本与"一句，即因为此人性所固有之心先发而为孝悌（之心），故学而"诱发"此心必自培养孝悌开始。通过钱穆的解读，我们不难发现，他解释这章的三个关键词其实就是"心""学""道"，它们之间的关系大概可以说是，"人心"是实现理想的"人道"的充分条件，而"学"则是实现理想的"人道"的必要条件。钱穆对这章的解释，最能反映出他在以"心—学—道"思想为核心的观念"先见"下解释《论语》的"六经注我"的诠释特点。毕竟这种以"心—学—道"思想为核心的观念，与其说是《论语》文本的原意，毋宁说是钱穆基于对儒学史（尤其是朱子学）的照察而自家所体认出的儒学新思。

第二，以"人心"释"仁"，在"人心"论的观念下对《论语》的诠释。"仁"是孔子儒学的核心范畴之一，在孔子儒学思想体系中它常常被视为是礼乐、道德的重要依据。然而，在《论语》中孔子论"仁"往往语焉未详，并没有明确言明"仁"是何所指。朱熹注曰："仁者，爱之理，心之德。"钱穆虽高度赞扬朱注的"大发明"，却以为此种义理发明并不符合孔学的立场。与朱熹从"天理"的角度论"仁"不同，钱穆在"人心"的平实立场上来解释"仁"。他提出，"心"（仁）是孔学的发端处，在很大程度上来说孔学就是"心学"。1947年，钱穆发表《孔子》一文，认为孔学的发端在一"心"字，在文中他还阐述了心与仁、礼、命之间的关系①。他说："孔子的学问，一种是'心学'，一种是'史学'，史学还要从心学入手。不了解人的心，断不能了解人的事。……孔子之学，实在是六通四辟，广大无边，但发端则只在"一心"。②1970年又发表《孔子之心学》一文，强调程朱陆王都讲"心"，"心学"是儒学的主要骨干③。由此，"心""人

---

① 杨华东：《钱穆〈论语新解〉研究》，西南民族大学学位论文，2012年。
② 钱穆：《讲堂遗录》《中国思想史六讲》，北京：九州出版社，2010年版。
③ 杨华东：《钱穆〈论语新解〉研究》，西南民族大学学位论文，2012年。

心""心学"成为了钱穆解读孔学的最主要的观念。

正像他解释《论语》中"本立而道生"的话语一样,钱穆《论语》诠释中所通贯的一个立场就是,以"人心"作为孔子说的仁(道)、礼、孝、悌等道德价值理想的内在依据。为此,他在解释《论语》中"礼之用,和为贵""人而不仁如礼何""林放问礼之本"等章节时,都发挥了这种以"人心"为"人道"之本的思想观念。《论语·学而》篇载:

> 有子曰:"礼之用,和为贵。先王之道,斯为美。小大由之。有所不行。知和而和,不以礼节之,亦不可行也。"①

钱穆注曰:"本章大义,言礼必和顺于人心,当使人由之而皆安,既非情所不堪,亦非力所难勉,斯为可贵。若强立一礼,终不能和,又何得行?故礼非严束以强人,必于礼得和。此最孔门言礼之精义,学者不可不深求。"② 这里,钱穆提出了"言礼必和顺于人心"的观念,强调"礼"的依据在于"人心",只有"和顺于人心"的"礼",而非"强立一礼",才能实现"和"的目的。

此外,对于《学而》篇第十一章孔子说的:"父在观其志;父没观其行;三年无改于父之道,可谓孝矣。"③ 钱穆注曰:"其实孔子此章,即求之今日之中国家庭,能遵此道者,尚固有之。既非不近人情,亦非有乖大义。孝子之心,自然有此。孔子即本人心以立教,好高骛远以求之,乃转失其真义。学者其细阐之。"④ 这里,他提出,孔子本于"人心"而立教,比如有"孝子之心"才有"孝子之道"。可见,钱穆解释这章,仍是本于"人心"作为"人道"之本的观念来说明的。

《八佾》篇第三章"人而不仁如礼何"⑤,钱穆注曰:"仁乃人与人间之真情厚意。由此而求表达,于是有礼乐。若人心中无此一番真情厚意,则礼乐无可

---

① 《论语·学而》,杨伯峻译注:《论语译注》,北京:中华书局,1980年版。
② 钱穆:《论语新解》,北京:九州出版社,2011年版。
③ 《论语·学而》,杨伯峻译注:《论语译注》,北京:中华书局,1980年版。
④ 钱穆:《论语新解》,北京:九州出版社,2011年版。
⑤ 《论语·八佾》,杨伯峻译注:《论语译注》,北京:中华书局,1980年版。

用。……人心之仁，则蕴蓄在内。若无内心之仁，礼乐都将失去意义。但无礼乐以为之表达，则吾心之仁亦无落实畅遂之所。故仁与礼，一内一外，若相反而相成。"① 另，《八佾》篇第四章"礼，与其奢也，宁俭"②，钱穆注曰："礼本于人心之仁，而求所以表达之。"③ 这里，钱穆抓住了《论语》中以"仁"为"礼"之本的说法，强调"人心"是礼乐的内在依据。以"人心"作为"礼"的内在依据，以"心"来释"仁"，这显然是钱穆在其"心"论的观念"先见"下对《论语》文本的创造性理解。

第三，以（理想的）"人道"释"仁"，在"人道"论的观念下对《论语》的诠释。钱穆认为，有此"人心"（仁心）斯有此"人道"（仁道），"人心"（仁心）是"人道"（仁道）的依据。钱穆其实是将"人心—人道"与"仁心—仁道"相对应来说的。也就是说，在钱穆看来，孔子说的"仁"是指"心"和"道"而言的，"仁"是理想的人道，而此理想的人道是以"心"作为依据的，人有此"心"（人心，仁心）发而可有此"道"（人道，仁道）。正如有论者指出的，钱穆认定孔子之学最重要的就是"道"，而这种道并非是玄空的、彼岸的、形而上的、超越的、不可捉摸的，而是现实的、具体的、内在的、可捉摸的当然也必须得把握的，这就是人道。可以这么说，有人就有道，而这种道即是人道。而这种人道又来源于人心。没有人心当然也就不会有人道。"有仁心，始可有道。"④ 钱穆在释《论语》中"其为人也孝悌"⑤一章时，就明确提出了这种思想，他注曰："孔子教人学为人，即学为仁。……仁即人群相处之大道，故孟子曰：'仁也者，人也。合而言之，道也。'然人道必本于人心，故孟子又曰：'仁，人心'。

---

① 钱穆：《论语新解》，北京：九州出版社，2011年版。
② 钱穆：《论语新解》，北京：九州出版社，2011年版。
③ 钱穆：《论语新解》，北京：九州出版社，2011年版。
④ 宋红宝：《新时期国人经典观念的转变与释读方法的多元化——以〈论语〉释读为例》，曲阜师范大学硕士学位论文，2010年。
⑤ 《论语·学而》，杨伯峻译注：《论语译注》，北京：中华书局，1980年版。

"①也就是说，孔子教人为人（仁），就是要达到理想的"人道"，而人能得此"道"（仁道，人道），在于人有此"心"（仁心、人心）。此是钱穆以"人心—人道"的观念释"仁"的典型例证。

第四，特重孔子所谓"学"的大义，在"学"的观念下对《论语》的诠释。在钱穆"人心—人道""仁心—仁道"的观念架构中，由人心（仁心）到人道（仁道）还必"赖于学"，也就是说"心""学"是实现"道"的重要条件。钱穆说："能志孔子之所志，学孔子所学，乃为读《论语》之最大宗旨。"②也就是说，读《论语》就是要学习孔子那种学为人（为仁）的志向，而要实现此为人（为仁）的理想必要像孔子一样"好学"。"孔子一生重在教，孔子之教重在学，孔子之教人以学，重在学为人之道。"③此之谓也。

正因为此"心"必赖"学"来"养护""诱发"才能有此"道"，钱穆解《论语》特别看重孔子"学""好学"的说法，并给《论语》中的"学""好学"之说赋予了极其重要的新内涵。《论语·述而》篇载：

> 叶公问孔子于子路，子路不对。子曰："女奚不曰，其为人也，发愤忘食，乐以忘忧，不知老之将至云尔。"④

对此，钱穆注曰："此章乃孔子自述。孔子生平，唯自言好学，而其好学之笃有如此。学有未得，愤而忘食。学有所得，乐以忘忧。学无止境，斯孔子之愤与乐亦无止境。……圣人之学，人人所能学，而终非人人之所能及，而其所不能及者，则仍在好学之一端。此其所以为大圣欤！学者就此章，通之于《论语》全书，入圣之门，其在斯矣。"⑤"圣人之学，人人所能学，而终非人人之所能及，而其所不能及者，则仍在好学之一端。"该句把握钱注的关键所在。这里，钱穆

---

① 钱穆：《论语新解》，北京：九州出版社，2011年版。
② 钱穆：《论语新解》，北京：九州出版社，2011年版。
③ 钱穆：《论语新解》，北京：九州出版社，2011年版。
④ 《论语·述而》，杨伯峻译注：《论语译注》，北京：中华书局，1980年版。
⑤ 钱穆：《论语新解》，北京：九州出版社，2011年版。

认为，孔子之所以为圣人，主要是因为"好学"。在钱穆的观念体系中，圣人凡人皆有此"心"，圣凡之别不在于"心"，而在于能否"学"。由此，凸显出了其新儒学观念"心—学—道"的思想中"学"的重要意义。另外，钱穆在对《论语》中孔子所谓"十室之邑，必有忠信如丘者焉，不如丘之好学也"一句的注释中就更加明确地表达了这种思想。《论语·公冶长》篇载：

子曰："十室之邑，必有忠信如丘者焉，不如丘之好学也。"①

对于这里说的"好学"，钱穆注曰："学可以至圣人，不学不免为乡人。后人尊崇孔子，亦仅可谓圣学难企，不当谓圣人生知，非由学得。"关于这章，钱穆在为《公冶长》篇下的"按语⑤中还说道："本篇历论古今人物。孔子圣人，人伦之至，而自谓所异于人者惟在学。编者取本章为本篇之殿，其意深长矣。学者其细阐焉。"②很明显，《论语》中孔子所谓"好学"绝没有如此深远的"微言大义"，钱穆如此来阐释它，显然是基于其以"心—学—道"为核心的新儒学的观念"先见"的。

综上可见，钱穆为《论语》作"新解"虽追求"不私立己见""不自创一说"，然事实上其《论语》诠释也是在其以"心—学—道"为核心的新儒学的"私见"下来展开的，至少而言，这应该是考察和研究钱穆《论语新解》的一个不可忽视的重要向度。在我们看来，钱穆的《论语新解》就是其在"使现代人人人可读《论语》"的时代"先见"，以及以"心—学—道"为核心的新儒学的观念"先见"下对《论语》文本做出的创造性理解。我们虽要注意钱穆思想学术的"史学化"的进路，然其《论语》诠释也与梁漱溟等现代新儒家一样表现出了一种"六经注我"的哲学化诠释的特点。

最后，还需要说明的是，钱穆《论语》诠释是以朱注为参照的，如果说朱注贯穿的根本观念是"天理"的话，那么，钱注《论语》贯穿的基本立场则是"人

---

① 《论语·公冶长》，杨伯峻译注：《论语译注》，北京：中华书局，1980年版。
② 钱穆：《论语新解》，北京：九州出版社，2011年版。

心"。钱穆论"心",当然也是有其本体论的意义可言的[①],关于这点上面已经论及。就钱穆以"心"论的一贯立场来为《论语》作"新解",他的《论语》诠释应该也是有其本体诠释意蕴可言的。只是钱穆治学,不喜讲本体、心性、工夫等抽象的话语,他的思想体系中也很少去提及说明"本体""形而上学"等等哲学的观念,因此,对于钱穆的《论语》诠释我们不刻意去谈"本体诠释意蕴"的问题,恐此与其学术立场、治学精神不符。[③]

第二节 梁漱溟生活儒学观念下的《论语》诠释及其本体诠释意蕴

梁漱溟是现代新儒家的重要代表,他虽没有直接注解《论语》的专门著作,但在新儒家中,其对孔子思想学说的研究和阐释,可谓用力最深。从《东西文化及其哲学》(1921年)开始到《孔家思想史》(1990年,梁漱溟去世后由其门生李渊庭、阎秉华据听课记录整理而成),对孔子儒学的阐发,可以说是伴随着梁漱溟整个的学术生涯:《东西文化及其哲学》(1921年)《孔家哲学史(提纲)》(1923年)《孔子真面目将于何求?》(1923年)《孔子学说之重光》(1934年)《今天我们应当如何评价孔子?》(1974年)《孔学绎旨》(1980年)《孔家思想史》等[②]。从梁漱溟对孔子思想学说的理解和阐释来看,我们当然可以从中摘出许多其对《论语》相关章节进行解读的内容,而这些内容也无疑可以被视为是梁漱溟本人对《论语》的一种诠释。

就梁漱溟的《论语》诠释而言,它是梁漱溟在回应"五四"反孔批儒思潮、重新建构现代儒学的时代"先见",以及以"直觉(情感)—生活"为基本逻辑

---

① 宋薇:《钱穆"心"论探析》《河北学刊》2012年第4期;李承福,周德丰:《论钱穆哲学的心性论维度》《武汉理工大学学报》(社会科学版)2016年第6期。
② 周良发,潘红:《从文化观差异看梁漱溟对胡适的孔子观的批判》《南华大学学报》(社会科学版)2016年第6期。

的"生活"儒学思想的观念"先见"下对《论语》文本做出的创造性理解。"情感""直觉"是梁漱溟"生活"儒学的奠基性观念,他将这种"先见"作为诠释《论语》的"一以贯之"的根本立场和方法,充分体现了本体论的观念和方法在其《论语》诠释中的运用,由此也决定了梁漱溟《论语》诠释的本体诠释的意蕴。

一、重建儒学——梁漱溟《论语》诠释的现代"先见"

现代新儒学是现代新儒家在"五四"新文化运动反孔批儒的文化语境中,力图接续儒家道统、谋求儒学现代转化和创新,以顺应现代社会发展的重要学术思潮。近代中国社会经济的巨大变迁,帝制中国的终结,以及西方文化的强势来袭,最终促成了"五四"新文化运动这样一股彻底批判孔子、儒学的"反传统"思潮。

正如有论者指出的,新文化运动是"以辛亥革命后的中国社会现实为认识起点,进而追溯到几千年历史凝结而成的文化传统,并对这种传统进行了总体性的理性批判。这场带有摧毁性的批判矛头首先指向旧伦理及其人格化代表"。[①] 新文化运动的批判矛头所指向的"旧伦理及其人格化代表",其实就是儒家伦理,就是孔子。在新文化运动强劲的反传统思潮冲击下,儒学在伦理道德精神、形上世界观念等各个层面上都遭到了消解。在新文化运动反孔批儒的时代语境下,儒学传统在现代社会的接续和发展需要得到合法性的证明。当然,"新文化运动否定了儒学作为现代社会时代精神的合理性,带来儒家命运的巨大转折。"[②] 现代新儒学正是这样一股为孔子、儒学"正名",谋求儒学现代重建和创新的思潮。"在西方现代文化的强烈冲击下,儒学又一次面临到了'儒门淡薄,收拾不住'的悲惨境地,并由此而濒死而复苏进而生长繁荣,形成了既在根本的理论旨趣依然与儒家传统一脉相承而又具有某些显明的自身理论特质的'现代儒学'。"[③]

作为现代新儒学的重要代表,梁漱溟的主要学术关怀就是试图为孔子、为儒

---

① 陈旭麓:《近代中国社会的新陈代谢》,熊月之,周武编:《陈旭麓文集》第一卷,上海:华东师范大学出版社,1996年版,第542页。
② 朱承:《儒学传统与时代精神——兼论儒学与新文化运动的和解》《船山学刊》2015年第6期。
③ 李翔海:《论现代儒学的基本理论特质》《国际儒学研究》(第二十辑),第25页。

学"正名",为儒学开出一种现代转化之可能,在现代社会中"再现"那种儒家式的生活方式。正如梁漱溟自己所坦言的:"我觉得我有一个最大的责任,即为替儒家作一个说明,开出一个与现代学术接头的机会。"① 为儒学开出一个与现代学术接头的机会,其实就是要在"古今中西"哲学的交融碰撞中重建儒学、创新儒学。可以说,重建儒学,构建一种适应现代社会的新儒学,就是梁漱溟的主要问题意识和时代关怀②。对梁漱溟的新儒学思想要在此脉络下去把握,同样,对梁漱溟的孔子解读和《论语》诠释亦当由此进路去考察。

传统的儒学如何才能实现重建和创新呢?梁漱溟在系统比较中、西、印三种路向之文化的基础上,对儒学现代创新的问题提出了思考。在梁漱溟看来,文化所反映的是人的生活态度、生活样法,人们的生活态度、生活样法的不同决定了文化类型的差异。"文化并非别的,乃是人类生活的样法。""生活又是什么呢?生活就是没尽的意欲(will)和那不断的满足与不满足罢了。"③ 这也就是其文化三路向说提出的主要理论依据。梁漱溟认为,"意欲向前"的西方文化虽强于处理人对"物"的关系问题,但未来人类文化的出路乃在于"意欲调和、持中",强于处理人对"人"的关系问题的以儒家文化为主要代表的中国文化④。正是基于这种认识,梁漱溟一生所孜孜以求者,乃是复兴儒学,以儒学思想糅合西方文化、西方哲学之精神,最终确立起新儒学、新文化,以为人类开出一种新的生活方式。他说:"就是中国固有精神与西洋文化的长处,二者为具体事实的沟通调和,不只是理论上的沟通,要紧的是从根本上调和沟通成一个事实。当中国精神与西洋长处二者调和的事实有了时,就是一个新社会的实现,也是人类的一新生活。"⑤

由此可见,梁漱溟的主要学术关怀就是,以儒学思想为本,容纳西学资源,

---

① 《梁漱溟全集》第二卷,济南:山东人民出版社,1989年版。
② 参阅杨国荣:《在中西哲学的融合中重建儒学——梁漱溟新儒学思想探析》《学术界》1989年第3期。
③ 《梁漱溟全集》第二卷,济南:山东人民出版社,1989年版。
④ 《梁漱溟全集》第五卷,济南:山东人民出版社,1992年版。
⑤ 《梁漱溟全集》第二卷,济南:山东人民出版社,1989年版。

促成儒学由传统向现代转型，以为现代的人们提供一种新的生活样法。李善峰说："他（梁漱溟）以传统儒学为基础，用佛学和西方哲学对儒学经典进行了现代诠释，讨论了儒家传统资源在现代国家和社会建设中可能有的意义。"①梁漱溟以佛学、西方生命哲学来诠释儒家经典，正是为了"激活""改造"儒学传统的思想资源，为儒学谋求一个与现代学术接头的机会。他出入佛学、援引西学（尤其是柏格森生命哲学），就是为了讲明儒学传统生命生活的意蕴，以为现代社会的生活提供一种参照。

总之，梁漱溟出入佛学、援引西学，重新解读孔子、诠释《论语》，就是要重新接续孔子、明道、阳明、心斋之生命智慧，从而为儒学开出一条现代转化之途。在这种意义下，我们可以说，梁漱溟解读孔子、诠释《论语》的主要问题意识、时代"先见"就是重建儒学、创新儒学，直截了当地说，就是要建构一种合乎现代社会发展要求的新儒学，以为现代社会的人们提供一种儒家式的生活样法。由此，我们对梁漱溟《论语》诠释的研究，也应纳于重建儒学、创新儒学的脉络下进行。在重建儒学、创新儒学的现代诉求和时代"先见"下，梁漱溟的《论语》诠释当然不是仅仅为了释读《论语》，而是为了以《论语》的思想资源来"注解"其实现儒学现代转化的文化思考。在重建儒学、以为现代人提供一种生活样法的时代"先见"下，梁漱溟特别"发明"了"生活"的观念来诠释《论语》。

二、回到生活——梁漱溟"生活"观念"先见"下的《论语》诠释

"生活""生活态度""生活样法"是梁漱溟提出的理解文化问题的独特视野和方法。如何理解孔子儒家文化？梁漱溟认为，以儒家文化为主要代表的中国文化是从"生活"中出来的"变化"的文化，而西方文化则是从"理智"中出来的"不变"的文化。他说："中国的问题不是向外看，是注意在'生活的本身'，讲的是变化，是生活。要是用西洋的方法来讲，当然不适宜。盖凡从理智出来的

---

① 李善峰：《传统儒学现代化的一次努力——以梁漱溟的理论和实践为个案的研究》《孔子研究》2004年第5期。

东西，皆是固定不变的。"①因此，对孔子、儒学只有"返回事实""回到生活"上去理解，才能得其真义②。所谓"事实"者，生活也。梁漱溟明确指出："前人往往不注意事实，我所谓事实者，即是生活。"③所谓"返回事实""回到生活"，就是指从生活世界出发，在"生活"的观念下去理解孔子、把握儒学④。

在"生活"的观念下，梁漱溟将儒学称为"生活的学问"，将孔子思想的"根本精神"归结为是"生活"⑤。他说："从孔子起以到宋、明，在那一条路极有受用的，如程明道、王阳明等绝不是想出许多道理来告诉人，他们传给人的只是他们的生活。如谓生活谓思想、谓哲学，自然非是。所谓思想或哲学者，不过是他的副产物。……盖生活亦学问也，我们不能离开生活而空谈学问。"⑥在梁漱溟看来，儒学是来源于"生活"的学问，孔子、程明道、王阳明等大儒所讲的"学问"不过是他们的生活。对于孔子的思想学说，梁漱溟也提出，要从"生活"的观念出发去把握。他认为，只有在"生活"的观念，而不是什么"哲学"的方法下去讲孔子，才能真正了解其所讲的道理。梁漱溟说：

> "在孔子主要的，只有老老实实的生活，没有别的学问。……所以本着哲学的意思去讲孔子，准讲不到孔子的真面目上去。因为他的道理是在他的生活上。不了解他的生活，怎能了解他的道理。"⑦

他还指出，汉代经学家不在生活上去学孔学，将孔子生活丢下，只是去研究

---

① 梁漱溟著，李渊庭、阎秉华整理：《梁漱溟先生讲孔孟》，北京：商务印书馆，2011年版。
② 刘子阳，朱寰：《以生命之学达宗教之用——梁漱溟儒学思想简析》《聊城大学学报》（社会科学版）2006年第1期。
③ 梁漱溟著，李渊庭、阎秉华整理：《梁漱溟先生讲孔孟》，北京：商务印书馆，2011年版。
④ 郑治文：《生活儒学——"后新儒学"时代儒学重建的路径抉择》，曲阜师范大学博士学位论文，2016年。。
⑤ 何中华：《从梁漱溟思想看儒家精神特质——兼论马克思主义与儒学之会通》《山东社会科学》2015年第11期。
⑥ 《梁漱溟先生讲孔孟》，第4页。
⑦ 《梁漱溟先生讲孔孟》，第17页；另见李渊庭整理：《梁漱溟谈孔孟（二）》《文史知识》，2000年第8期。

孔子的书籍、孔子的思想，这并不符合孔子思想的方向，因此，要将其划在孔学范围之外①。在此基础上，梁漱溟主张："寻孔子不向生活这个方向去寻，绝对寻不着。我们对于他的生活如果彻底了解，对于他的真面目就容易认识了。"②由此，寻着"生活"的方向出发，在"生活"上去讲孔子，乃是梁漱溟理解孔学的根本遵循，也是其《论语》诠释最突出的一个特点。在很大程度上可以说，梁漱溟的《论语》诠释是基于其"生活"的观念而展开的。

在"生活"的观念前提下，梁漱溟提出读《论语》要采取一种"归整"的方法，即"把《论语》零碎的东西，弄成个整个的东西，把其中极昭著的态度、极鲜明的色彩的地方，先提出来，再去确定他。把他的许多态度一一列出，然后在生活上理会，去证实那种生活，看他最重要的观念是什么？"③诚然，照梁漱溟的理解，《论语》中极昭著的态度就是"生活"的态度。他说："我们所能晓得孔子的，主要的是他的生活。"也就是说，读《论语》需要先明白孔子"生活"的这种昭著态度，然后在自己的生活上去理解、领会、证实、实践孔子的那种生活态度。由此，"返回事实""回到生活"，从"生活"的方向上去讲孔子、读《论语》构成了梁漱溟《论语》诠释的主要问题意识（"我"）。在"生活"的先见下讲孔子、读《论语》，也极为明显地反映了梁漱溟《论语》诠释"六经注我""面向现实"的诠释特点。以下我们将试举例说明，梁漱溟是如何在"生活"的观念下解读《论语》的思想话语、把握孔子儒学的精神的。比如，《论语·为政》篇载：

> 子曰："吾十有五而志于学，三十而立，四十而不惑，五十而知天命，六十而耳顺，七十而从心所欲不逾矩。"④

关于这句话，梁漱溟提出，不用去猜想"而立""不惑""知天命""耳顺""从心所欲不逾矩"等各名词之内容究竟何所指，"我们所能知道的，从孔子的幼年

---

① 《梁漱溟先生讲孔孟》，第18页。
② 《梁漱溟先生讲孔孟》，第17页。
③ 梁漱溟著，李渊庭、阎秉华整理：《梁漱溟先生讲孔孟》，北京：商务印书馆，2011年版。
④ 《论语·为政》，杨伯峻译注：《论语译注》，北京：中华书局，1980年版。

以至于老，无论不惑、知天命等都是说他的生活。他所谓学问就是他的生活。他一生用力所在，不在旁处，只在他生活上。"① 也就是说，对这句的理解，关键是要先明白孔子的思想话语所讲的不过是他自己的生活，要真正了解《论语》中孔子的话语应从孔子的生活上去看。此外，对于《论语》中孔子对弟子颜回"不迁怒，不贰过"的称赞，梁漱溟也主张要从"生活"的观念出发去解读。《论语·雍也》篇载：

哀公问："弟子孰为好学？"孔子对曰："有颜回者好学，不迁怒，不贰过，不幸短命死矣。今也则亡，未闻好学者也。"②

对于这句，梁漱溟主要抓住了孔子赞颜回的"不迁怒，不贰过"的说法来进行解读。关于什么是"不迁怒，不贰过"？梁漱溟说："我们在这上面也不敢乱讲，说是什么意思，但是确可以知道孔子是指着颜回如此的生活而夸奖赞叹的。"③ 这就意味着，不明白"不迁怒，不贰过"何所指并不要紧，要紧的是我们要知道孔子此语是指着颜回的生活来说的。同样，对于《论语》中孔子对颜回"三月不违仁"的说法，梁漱溟也如是这样去解读。《论语·雍也》篇载：

子曰："回也，其心三月不违仁，其余则日月至焉而已矣。"④

对此，梁漱溟指出，"不违仁"这个符号如何讲，我们无从知道。"但是，孔子所说的，是指颜回的生活，这个符号就是代表生活，这是可以断言的。从此可知孔子自己的学问是生活……寻孔子不向生活这个方向去寻，绝对寻不着。我们对于他的生活如果彻底了解，对于他的真面目自然就容易认识了。"⑤ 这里，梁漱溟强调，孔子此语说的不过是颜回的生活态度、生活样法。由此可知，孔子

---

① 梁漱溟著，李渊庭、阎秉华整理：《梁漱溟先生讲孔孟》，北京：商务印书馆，2011年版。
② 《论语·雍也》，杨伯峻译注：《论语译注》，北京：中华书局，1980年版。
③ 梁漱溟著，李渊庭、阎秉华整理：《梁漱溟先生讲孔孟》，北京：商务印书馆，2011年版。
④ 《论语·雍也》，杨伯峻译注：《论语译注》，北京：中华书局，1980年版。
⑤ 梁漱溟著，李渊庭、阎秉华整理：《梁漱溟先生讲孔孟》，北京：商务印书馆，2011年版。

的学问是源于其生活世界的,欲了解孔子的学问只能回到他的生活世界去追寻。

另外,梁漱溟还通过对胡适对孔子"一以贯之"的解读进行批判,强调唯有从"生活"的观念而不是什么知识方法出发才能读懂孔子儒学的真精神。《论语·里仁》篇载:

> 子曰:"参乎,吾道一以贯之。"曾子曰:"唯。"子出,门人问曰:"何谓也?"曾子曰:"夫子之道,忠恕而已矣。"[1]

对此,梁漱溟在批判胡适的观点之基础上提出了自己的解释。关于这句,胡适认为,孔子所谓"一以贯之"与曾子所谓"忠恕"只是要寻出事物的条理统系,用来推论,要使人闻一知十、举一反三。由此,他认定,这说的是孔门的知识方法论,而不单是推己及人的人生信条[2]。对于胡适的观点,梁漱溟针锋相对地指出,《论语》中曾子所谓"一贯"并不是指什么知识方法,因为知识方法并不能去"一贯"孔子的形而上学和他讲的人生道理。他还说:

> "孔子形而上学和其人生的道理都不是知识方法可以去一贯的,胡先生没把孔学的一贯懂得,所以他底下说了好多的'又一根本观念',其实哪里有这许多的根本观念呢!"[3]

在梁漱溟看来,孔子并没有很多的"根本观念",他只有一个根本观念,那就是"生活"。也就是说,梁氏认为,能够"一贯"孔子之思想学说的并不是什么知识方法,而只能是"生活"的观念。假借《论语》中孔子所谓"吾道一以贯之"的说法,梁漱溟发挥了其"生活"的思想观念,将孔子思想学说的根本观念定为了"生活"。由此,这也确立了梁漱溟把握孔学、诠释《论语》的总基调——"生活"。"生活"的观念成为梁漱溟的《论语》诠释的一个重要思想"先见"。基于其"生活"的观念,梁漱溟还以"直觉""情感"的思想去解释《论语》中的

---

[1] 《论语·里仁》,杨伯峻译注:《论语译注》,北京:中华书局,1980年版。
[2] 刘梦溪:《中国现代学术经典·胡适卷》,石家庄:河北教育出版社,1996年版。
[3] 刘梦溪:《中国现代学术经典·梁漱溟卷》,石家庄:河北教育出版社,1996年版。

"仁"，并将孔子儒学的道德精神（生活的学问）构筑在了"直觉""情感"的本体论根基之上。梁漱溟在孔子整个的生活的学问的奠基性观念——"直觉""情感"的观念下对《论语》的解读，表现了其《论语》诠释的本体诠释意蕴。

三、"直觉"（情感）释"仁"——梁漱溟《论语》诠释的本体诠释意蕴

在"生活"的观念前提下解读《论语》，是梁漱溟《论语》诠释的主要特点。与"生活"的观念相联系，梁漱溟还注重以"直觉""情感"来解释《论语》中的"仁"。在梁漱溟看来，孔子儒学的根本精神是"生活"，孔子儒学之所以提倡如是那样去生活，那是因为其所开出的儒家式的生活是从人的"直觉""情感"中直接自然生发出来的。《论语·学而》篇载：

> 有子曰："其为人也孝悌而好犯上者，鲜矣。不好犯上而好作乱者，未之有也。君子务本，本立而道生。孝悌也者，其为仁之本与！"①

对此，梁漱溟注释说："孝悌实在是孔教唯一重要的提倡，他这也没有别的意思，不过他要让人作他那种富有情感的生活，自然要人从情感发端的地方下手罢了。"②意思就是说，孔子儒家的孝悌之道是从人的情感中自然生发出来的，提倡孝悌就是让人去过那种合乎自身之情感的生活。同样，梁漱溟还提出，孔子提倡的礼乐也是从人的情感中自然生发出来的。孔子说："礼与其奢也，宁俭；丧与其易也，宁戚。"又说："为礼不敬，临丧不哀，吾何以观之哉！"梁漱溟据此而立言，强调"孔子是认真在情理上，而断不执着于任何徒有其表的礼貌仪文。"③

由此可见，梁漱溟讲孔子、解释《论语》是侧重从"富有情感的生活"的角

---

① 《论语·学而》，杨伯峻译注：《论语译注》，北京：中华书局，1980年版。
② 梁漱溟：《东西方文化及其哲学》《梁漱溟全集》第一卷，济南：山东人民出版社，1989年版。
③ 梁漱溟著，李渊庭、阎秉华整理：《梁漱溟先生讲孔孟》，北京：商务印书馆，2011年版。

度去把握的。根据这种解释，梁漱溟在很大程度上将孔子那种追问礼乐孝悌的内在依据的思想完全"情感"（"直觉"）化了。这主要表现在，他以其"情感""直觉"的观念来直接解释《论语》中孔子说的"仁"。以"情感""直觉"释"仁"，以本源的"情感""直觉"作为孔子儒学（生活的学问）的奠基性观念，强调儒家提倡礼乐孝悌不过是要人去过那由其"情感""直觉"所自然生发出来的生活，这构成了梁漱溟的《论语》诠释的本体诠释意蕴的主要体现。那么，我们该如何具体去把握梁漱溟的《论语》诠释的本体诠释意蕴呢？

在梁漱溟"直觉（情感）—生活"的解释框架下，儒学被其视为是"生活的学问"，而儒学之所以要提倡这样的生活样式乃是由人的"情感""直觉"所决定的。"情感""直觉"作为儒家"生活"的大本大源，具有思想奠基的本体论的重要意义。从这种"情感""直觉"的奠基性观念出发，梁漱溟在"情感""直觉"的本体论观念和方法下对孔学、对《论语》的解读，集中反映了其《论语》诠释的本体诠释意蕴。具体而言，这主要表现在以下两个重要方面：

第一，以"情感""直觉"释"仁"，以"情感""直觉"作为孔子儒学"生活"观念的大本大源。通过对《论语》中"宰我问三年之丧"一事的解读，梁漱溟提出了"情感""直觉"的问题。《论语·阳货》篇载：

> 宰我问："三年之丧，期已久矣。君子三年不为礼，礼必坏；三年不为乐，乐必崩。旧谷既没，新谷既升，钻燧改火，期可已矣。"子曰："食夫稻，衣夫锦，于女安乎？"曰："安！""女安则为之。夫君子之居丧，食旨不甘，闻乐不乐，居处不安，故不为也。今女安，则为之。"宰我出。子曰："予之不仁也！子生三年，然后免于父母之怀。夫三年之丧，天下之通丧也。予也有三年之爱于其父母乎？"[①]

对于这段话，梁漱溟主要发挥了孔子从"安与不安"处论"仁与不仁"的说法，强调"安"就是"情感薄直觉钝"，就是"不仁"，而"不安"就是"情感

---

① 《论语·阳货》，杨伯峻译注：《论语译注》，北京：中华书局，1980年版。

厚直觉敏锐",就是"仁"。他说:"所谓安,不是情感薄直觉钝吗?而所谓不安,不是情感厚直觉敏锐是什么?"① 通过这种解释,孔子说的"仁"其实也就被纳于其"直觉(情感)—生活"的观念体系下,而被赋予了"情感""直觉"的新内涵。在孔子那里,不合于"仁",故能"安",而梁漱溟据此而引申出这样的新思想,不合于"情感""直觉"即"情感薄直觉钝",故有"恶",他说:"仁是好恶的表示,从好恶给我们的方向就是人的生活原来的方向。所以一切德行,都是直觉所指示之方向,即是出于仁。怎样叫作德行,靠什么去认识一切德行,都出于直觉。"梁漱溟认为,"仁"只是好恶的表示,一切德行都出于"仁"(直觉),由此他进而提出,孔子所谓"求仁"也不过是让人之生活合于其情感、直觉。梁漱溟说:"儒家完全要听凭直觉,所以唯一重要的就在直觉敏锐明利;而唯一怕的就在直觉迟钝麻疲。孔子教人就是'求仁',人类所有的一切诸德,本无不出此直觉即无不出自孔子所谓'仁'。"②

通过这种新的诠释,"情感厚直觉锐"之说成为梁漱溟对《论语》中孔子仁学的新发明。也就是说,在梁漱溟"直觉""情感"的本体论"先见"下,《论语》中孔子说的"仁"被赋予了浓厚之"情感"和敏锐之"直觉"的新内涵。由此,经过梁漱溟的转化和诠释,其所谓的"情感""直觉"与《论语》中孔子说的"仁"成为同构性的概念。不止如此,梁漱溟还直截了当地说过,"仁"就是"情感",就是"直觉"。他说:"本来直觉的心即是仁,我们加上锐敏二字者,以别于麻木不仁。由此看来,孔子认为当然的,就是他的本然。"③

"本来的直觉心即是仁""锐敏的直觉"就是仁,"浓厚的情感"就是仁,梁漱溟以"情感""直觉"解释孔子说的"仁",以"情感""直觉"作为孔学(生活的学问)的奠基性观念,将孔子提倡的礼乐孝悌的一切德行确立在了本体论的思想根基上。颜炳罡说:"他(梁漱溟)以敏锐的直觉释仁,力图超越理智

---

① 《梁漱溟全集》第一卷,济南:山东人民出版社,1989年版。
② 《梁漱溟全集》第一卷,济南:山东人民出版社,1989年版。
③ 梁漱溟著,李渊庭、阎秉华整理:《梁漱溟先生讲孔孟》,北京:商务印书馆,2011年版。

主义的限定而体悟天理流行之生活本真。"①由此，为孔子仁学注入了"情感""直觉"的新内涵，无疑是梁漱溟借《论语》诠释而实现的重要义理创新。或如有论者指出的："'仁'是一种本能、一种情感、一种直觉。以直觉本能解'仁'，可以说是梁漱溟'新孔学'的孤先发明，并将其与柏格森生命哲学之'绵延说'勾连起来，此乃文化保守主义者对西方文化的接引与容受。"②以"情感""直觉"释"仁"，将"情感""直觉"作为儒家生活态度、生活样法的终极依据，梁漱溟给其"情感""直觉"之说赋予了孔学思想奠基的重要意义。"情感""直觉"作为孔子儒学提倡的一切德行的大本大源，它们无疑具有某种"道德形而上学"的本体论的意义。梁漱溟基于这种本体论观念和方法对孔学的把握、对《论语》的解读，使其《论语》诠释本身也具有了本体诠释的重要意蕴。

梁漱溟以"情感""直觉"来解释"仁"，无非是要讲明孔子儒学之大义不过是要人去过那合于"仁""情感""直觉"的生活。"他（孔子）说仁者的生活，即是人原来的生活，便是照原样去生活，不是改变他或矫揉造作生活。"③在梁漱溟看来，孔子儒学所提倡的"生活"，便是人原来该过的生活，这种"生活"是由其"仁"的"情感""直觉"而自然生发的。基于"直觉（情感）—生活"的观念逻辑，梁漱溟十分强调，孔子所提倡的那种合于"情感""直觉"的生活态度。他认为，这种顺遂"情感""直觉"而自然生发出来的，合于"仁"的生活态度可以概括为是"刚的生活态度"。梁漱溟说："刚的生活态度就是孔子的生活态度，这个字可以概括孔子的全部哲学。"④梁氏还指出，所谓"刚"是指"里面力气极充实的一种活动"，"孔子说的'刚毅木讷近仁'，全露出一个

---

① 颜炳罡：《仁·直觉·生活态度——梁漱溟对孔子哲学的创造性诠释》《东岳论丛》2004年第5期。
② 周良发，潘红：《从文化观差异看梁漱溟对胡适的孔子观的批判》《南华大学学报》（社会科学版）2016年第6期。
③ 梁漱溟著，李渊庭、阎秉华整理：《梁漱溟先生讲孔孟》，北京：商务印书馆，2011年版。
④ 《梁漱溟全集》第一卷，济南：山东人民出版社，1989年版。

人意志高强、情感充实的样子，这样人的动作大约便都是直接发于情感的。"①我们常说"无欲则刚"，其实，梁漱溟所谓的孔子提倡的"刚的生活态度"，主要内涵就是指，"生活"要直接发于情感、直觉，不起欲、"不去改变它""不矫揉造作""不多加一点意思"。他说："刚者无私欲之谓，私欲本即阴滞，而私欲不遂活力馁竭，颓丧疲倦有必然者。无私欲本即阳发，又不以所遇而生阻，内源充畅，挺拔有力，亦必然者。"②

可见，"刚的生活态度"是梁漱溟基于其"直觉（情感）—生活"的解释框架，对孔子儒家所提倡的生活态度（生活样法）的一种哲学概括。在明确了孔子儒学所提倡的是一种"刚的生活态度"后，梁漱溟还提出了"以生活为对，以生活为好""任直觉，无表示""不计较利害"等论说来进一步说明儒家的这种"生活"。由此，从以"情感""直觉"释"仁"到提倡过那合于"情感""直觉"的"刚的生活"，构成了梁漱溟把握孔子、诠释《论语》的主要"先在"观念。基于"直觉（情感）—生活"的思想逻辑，梁漱溟在"刚的生活态度"等思想观念下对《论语》的诠释，亦构成其《论语》诠释之本体诠释意蕴的重要一环。

第二，以合乎"情感""直觉"为要求，在其所提出的孔学"刚的生活态度"的观念下来解读孔子、诠释《论语》。与"情感""直觉"的本体论观念下对《论语》思想话语的解释一样，梁漱溟在其所认为的合于"情感""直觉"的"刚的生活态度"的思想观念下对《论语》的解读，也是其《论语》诠释之本体诠释意蕴的重要体现。对此，我们将从其"刚的生活态度"观念所包含的"以生活为对，以生活为好""任直觉，无表示""不计较利害"等思想精神下去具体说明。

四、"以生活为对，以生活为好"观念下的《论语》诠释

基于"生活"由"情感""直觉"自然生发的基本观念，梁漱溟提出了孔子人生哲学"以生活为对，以生活为好"的思想。所谓"以生活为对，以生活为好"就是指那种合于"自然""情感"，由其所自然生发的"生活"就是对、就是好。

---

① 《梁漱溟全集》第一卷，济南：山东人民出版社，1989年版。
② 《梁漱溟全集》第一卷，济南：山东人民出版社，1989年版。

梁漱溟说:"孔子的人生哲学就是'以生活为对、为好的态度'"。在"以生活为对,以生活为好"的观念下,梁漱溟解读了《论语》中孔子赞颜回"三月不违仁"的问题。对此,他提出,"三月不违仁"之"仁"所指明的是一种内心的生活,"不违仁"就是指以这种生活为对、为好,而不去违背它。基于这种认识,他进而指出,儒家所谓修养并非"一样一样去学着作那种种道德善行"①,只要"君子无终食之间违仁,造次必于是,颠沛必于是"②就很好了。他说:"(孔子)这种内心修养实不像道家佛家于生活正路外有什么别的意思;他只要一个'生活的恰好''生活的恰好'不在拘定客观一理去循守而在自然的无不中节。"③

这样,梁漱溟通过对《论语》中"不违仁"命题的阐释,发挥了其"以生活为对,以生活为好"的思想。或者说,他对"不违仁"的阐释本身就是在"以生活为对,以生活为好"的观念前提下进行的。同样,对《论语》中孔子所谓"仁远乎哉,我欲仁斯仁至矣"的话语,他也是在"以生活为对,以生活为好"的观念下去解释的。对于这句,他说:"这不是说锐敏的直觉远乎哉,照我们的意思,是说顶合适的生活不远,可以做到的。"④正因为合于直觉、情感(仁)的生活本来就是对的,就是好的,这种顶合适的生活并不遥远。梁漱溟认为,人皆有此"仁"、此"直觉"、此"情感",由此"仁"、此"直觉"、此"情感"而自然生发出来的"生活",就是仁者的生活,就是人原来的生活。

那么,如何才能使此"仁"、此"直觉"、此"情感"自然而生发呢?梁漱溟提出,这需要做到"不改变""不多加一点意思""不矫揉造作",这也是孔子所提倡的"无表示""不计较利害"的生活态度。所谓"无表示"就是任随"情感""直觉"而自然生发,不去打量、计算,不起私欲,"不多加一点意思"。"一认定,一计算,在我就失中而倾敬于外了。平常人都是求一条客观呆定的道理而秉持之,

---

① 刘梦溪:《中国现代学术经典·梁漱溟卷》,石家庄:河北教育出版社,1996年版。
② 《论语·里仁》,杨伯峻译注:《论语译注》,北京:中华书局,1980年版。
③ 刘梦溪:《中国现代学术经典·梁漱溟卷》,石家庄:河北教育出版社,1996年版。
④ 梁漱溟著,李渊庭、阎秉华整理:《梁漱溟先生讲孔孟》,北京:商务印书馆,2011年版。

孔子全不这样。"梁漱溟指出，中国形而上学"有一个根本的地方就是无表示"，而孔子从这种形而上学"一定先得到其无表示的道理"。

"无表示""不认定""不计算"，才能使此"情感""直觉"自然地生发。在其"无表示""不计较利害"的思想观念下，梁漱溟对《论语》中的相关话语进行了解读。

五、"任直觉，无表示"观念下的《论语》诠释

基于"任直觉、无表示"的观念，梁漱溟这样来解读《论语》中孔子"君子坦荡荡，小人长戚戚"①的话语。这里，梁漱溟认为，君子之所以"坦荡安乐"，那是因为没有太多的私欲，"不多加一点意思。""君子本是安和自在，种种不成问题，当然时时是乐，故君子与乐完全不离。小人因有许多私欲，故不能安乐。所谓思欲者不只是饮食男女之欲，凡是多加一点意思都是。"②此外，他还借对《论语》中"为己""求诸己"等命题的阐释，进一步发挥了这种"无表示"的思想。《论语》载：

子曰："古之学者为己，今之学者为人。"③

子曰："君子求诸己，小人求诸人。"④

对此，梁漱溟指出，孔子之所谓"己"，是说我们当下的心意，当下的情，当下直觉之所觉。"孔子所谓为己者，只为尽其在我者是也。于是可见实是无所为而为的态度。"⑤按照梁氏的理解，"为己""求诸己"就是指任随当下的"心"、当下的"情"、当下的"直觉"来行，自可求仁得仁、从容中道。这也是梁漱溟所提出的"无所为而为"的人生态度。

六、"不计较利害"观念下的《论语》诠释

---

① 《论语·述而》，杨伯峻译注：《论语译注》，北京：中华书局，1980年版。
② 梁漱溟著，李渊庭、阎秉华整理：《梁漱溟先生讲孔孟》，北京：商务印书馆，2011年版。
③ 《论语·宪问》，杨伯峻译注：《论语译注》，北京：中华书局，1980年版。
④ 《论语·卫灵公》，杨伯峻译注：《论语译注》，北京：中华书局，1980年版。
⑤ 梁漱溟著，李渊庭、阎秉华整理：《梁漱溟先生讲孔孟》，北京：商务印书馆，2011年版。

要让"情感""直觉"自然生发，除了要做到"无表示"外，梁漱溟提出，孔子儒家还强调一种"不计较利害"的人生态度。梁漱溟认为，"不计较利害"是"孔子的唯一重要的态度"，"孔子唯一重要的态度，就是不计较利害。这是儒家最显著与人不同的态度"。① 梁漱溟借对《论语》中孔子义利观的解读，阐述了这种"不计较利害"的思想。《论语·里仁》篇载：

子曰："君子喻于义，小人喻于利。"
子曰："放于利而行，多怨。"②

对此，梁漱溟并没有去谈论什么义利之辨的问题，而是在其"直觉（情感）—生活"的观念体系下予以解释。他借孔子"君子喻于义"之说来说明，只有"不计较利害"的非功利的态度才能让"生活"合于"情感""直觉"。他说："最与'仁'相违的生活就是算账的生活。所谓不仁的人，不是别的，就是算账的人。'仁'只是生趣盎然，才一算账则生趣丧矣！"

综上几个方面，"以生活为对，以生活为好""任直觉，无表示""不计较利害"等精神，就是梁漱溟所理解的孔子提倡的"刚的生活态度"。在梁漱溟看来，"刚的生活态度"就是孔子的生活态度，孔子提倡的"刚的生活态度"就是让人不起私欲、"不多加点意思""不计较利害"，使"生活"直接发于"情感""直觉"。梁漱溟说："我今所要求的，不过是要大家向前动作，而此动作最好要发于直接的感情，而非出自欲望的计虑。孔子说：'枨也欲，焉得刚'，大约欲和刚都像是很勇的往前活动，却是一则内里充实有力，而一则全是假的——不充实，假有力；一则其动为自内里发出，一则其动为向外逐去。"③

从以"情感""直觉"释"仁"，到提出孔子所倡导的"刚的生活态度"，这种"直觉（情感）—生活"的观念体系，正是梁漱溟把握孔学、诠释《论语》

---

① 梁漱溟著，李渊庭、阎秉华整理：《梁漱溟先生讲孔孟》，北京：商务印书馆，2011年版。
② 《论语·里仁》，杨伯峻译注：《论语译注》，北京：中华书局，1980年版。
③ 《梁漱溟全集》第一卷，济南：山东人民出版社，1989年版。

的主要思想"先见"。在"直觉（情感）—生活"的先在观念下，梁漱溟在很大程度上将孔子、《论语》"情感化""直觉化"和"生活化"了。正如牟宗三所评论的："他（指梁漱溟）独能生命化了孔子，使吾人可以与孔子的真实生命及智慧相照面，而孔子的生命与智慧亦重新活转而披露于人间。"①一方面，在"直觉（情感）—生活"的观念体系下把握孔学、诠释《论语》，梁漱溟将孔子思想的"根本精神"归结为是"生活"，从而生活化、生命化了孔子、《论语》；另一方面，以"情感""直觉"释"仁"，将孔子之"生活的学问"以及其所提倡的"刚的生活态度"（即孔子儒家所提倡的一切德行）都建立在了"情感""直觉"的奠基性观念之上。"情感""直觉"作为孔子"生活"的大本大源，作为儒学"生活的学问"的奠基性观念，梁漱溟将这种"先见"作为把握孔学、诠释《论语》的"一以贯之"的根本立场和方法，充分体现了本体论的观念和方法在其《论语》诠释中的运用，由此也决定了梁漱溟的《论语》诠释的本体诠释的意蕴。

总之，梁漱溟的《论语》诠释主要是在其"直觉（情感）—生活"的"先在"观念下进行的，它主要反映的是一种"六经注我"的诠释特点，主要关乎的是经典诠释中"面向现实""面向当下"的定向。从"六经注我""面向现实"的诠释特点来看，与其说梁漱溟是在讲孔子、注《论语》，倒不如说他是在借孔子的思想和《论语》的话语来"注解"和"发明"其以"直觉（情感）—生活"为内在逻辑的观念体系。

---

① 牟宗三：《生命的学问》，台北：三民书局，1972年版。

第五章
当代儒学视域下《论语》诠释
——以李泽厚、黄玉顺为例

当代儒学是中国儒学发展史上继现代新儒学之后的又一股儒学发展的新潮流，其主要学术旨趣是，通过对秦汉以后到现代新儒学的儒学发展的批判反思，向先秦原始儒学回归，从而重新建构切合当代社会经济发展的新型儒学范式。与现代新儒学一样，当代儒学的代表人物在从事新的儒学思想体系建构时，虽不再完全依傍通过对某一部或某几部儒家经典（如"五经""四书"）进行诠释而实现。然当代儒学的建构毕竟也不可能彻底地离开对儒家经典的理解和诠释。就当代儒学回归孔子为主要代表的原始儒学精神的学术追求而言，对孔子思想的解读、对《论语》的诠释，在当代儒学建构的过程中无疑占有极其重要的位置。

在儒学当代创新和当代复兴的基本诉求下，一些当代儒学研究者，或立足于返本开新，或立足于中西融合，或立足于当代社会语境，致力于在当代社会焕发儒学传统的生机和活力。就目前当代儒学发展的基本情况而言，当代儒学复兴思潮中已经出现了②种较成思想体系的儒学新范式，比如"政治儒学""宗教儒学""心性儒学""社会儒学""乡村儒学""民间儒学""平民儒学""大众儒学""生活儒学""制度儒学""自由儒学""情本体儒学"、新仁学、民主仁学、和合学、"后新儒学"等。这些当代儒学理论新范式及其主要代表人物，构成了当代儒学发展的基本学术内容。对于这些儒学理论新范式及其主要代表人物，不同的学者当然可以有不同的看法。比如，崔罡主编的《新世纪大陆新儒家研究》一书中，列出了蒋庆的"政治儒学"思想、陈明的"即用见体"思想、张祥龙的"现象学儒学"思想、黄玉顺的"生活儒学"思想、盛洪的"经济儒学"思想和干春松的"制度儒学"思想六种形态的儒学[1]。郭沂则在《当代儒学十家撮要》一文中，略述了当代儒学四种形态和十家儒学创新理论的要点。他提出，根据致思路径的不同，可以将当代儒学十家的创新理论分为四种形态："一是走出牟宗三，以杜维明、林安梧为代表；二是引入马克思，以李泽厚为代表；三是取法西方现代哲学，以成中英、刘述先、安乐哲、黄玉顺为代表；四是基于中国传统哲学，以张立文、牟钟鉴、郭沂为代表。"[2]

这里，我们的讨论重心并非是对当代儒学发展情况的梳理，而是要说明《论语》诠释与当代儒学建构的问题。就《论语》诠释与当代儒学创新这一主题而言，在当代新儒学诸多范式及其代表人物中较为推崇孔子儒学，以《论语》中的思想话语作为当代儒学建构的重要资源的，有李泽厚的"情本体儒学"、牟钟鉴的"新仁学"以及黄玉顺的"生活儒学"。应该说，当代儒学发展中任何的儒学创新都离不开对孔子儒学、《论语》思想资源的借助和解读，只是不同的儒学范式所主要返的"本"各有侧重罢了，毕竟儒学已经是一个绵延两千多年、博大精深、文化内涵极其丰富的庞大思想体系。比如，蒋钦的"政治儒学"较为推崇的是春秋公羊学；"宗教儒学"的提倡者则提出要"回到康有为"；"大众儒学"（民间儒学、平民儒学、生活儒学[3]）则多本于王阳明以及其后学王艮所开启的泰州学

---

[1] 崔罡等著：《新世纪大陆新儒家研究》，合肥：安徽人民出版社，2011年版。

[2] 郭沂：《当代儒学十家撮要》，陈炎、黄俊杰主编：《当代儒学》（第一辑），桂林：广西师范大学出版社，2011年版；郭沂编：《开新：当代儒学理论创构》，北京：北京大学出版社，2013年版。

[3] 这种以王阳明心学、王阳明后学王艮开创的泰州学派的思想资源作为"大本大源"建构当代"生活儒学"的思考，颇不同于为学界所熟知的黄玉顺的"生活儒学"。这方面的研究成果以郑治文为主要代表。他明确提出："明代心学的主要问题意识是要求消解程朱理学之抽象化、概念化、形上化倾向，突破其精英化限制，确立一种能为庶民大众能知能行，真切落实于生活日用之间的生命、生活的学问。这种面向生活、贴近人生的儒

派的思想资源；林安梧的"后新儒学"的理论展开则提出要"回归王船山"等等。相比而言，偏重以孔子儒学和《论语》思想资源作为儒学创构的重要精神内核的应该还是上面提及的，李泽厚的"情本体儒学"、牟钟鉴的"新仁学"以及黄玉顺的"生活儒学"，其中，李泽厚的"情本体儒学"，以及黄玉顺的"生活儒学"都是以"回到孔子"作为重要精神标识的。

牟钟鉴先生的"新仁学"的儒学新思，虽极为推崇孔子仁学精神，然其理论建构总体而言是植根于中国仁学发展的广阔思想土壤的，并没有明确将思考的重心归于对《论语》中孔子仁学精神的阐发和创新。其所著《新仁学——爱的追寻》[①]一书，可谓是立足儒家仁学资源的真正的"返本开新"之作，书中既有对传统仁学发展线索和精神的梳理与理解，又有当代社会视野下的对仁学精神的原创性思考。

综上所言，就孔子儒学、《论语》思想话语在当代儒学新范式建构中占有的地位，以及立足于自我的儒学新思对《论语》的那种"六经注我"式的哲学诠释特点而言，李泽厚、黄玉顺的《论语》当代解读相比而言较为适合作为当代儒学视域下的《论语》诠释的例证，其中尤以李泽厚的《论语今读》最具代表性。或许鉴于《论语》中孔子儒学思想精神在其"情本体儒学"建构中的重要意义，李泽厚是当代儒学研究者中唯一一位对《论语》进行专门注释和创新解读的。李泽厚的《论语今读》的最大特色在于，它很少有传统经学的那种"注"的色彩，而是借用作"记"的方式，在《论语》诠释中游刃有余地发挥其以"情本体""乐感文化""实用理性""一个世界"哲学观念为核心的儒学新思想，十分典型地

学我们谓其为'生活儒学'，当然，谓其为'民间儒学''平民儒学'也似无不可。大体而言，阳明良知学的主要贡献在于扭转理学的形上超越方向，使其可以面向生活日用，由此实现了'生活儒学'的理论构建；王艮泰州学的主要贡献则在于以平民立场发挥阳明学，通过订定乡约民规，开展平民讲会等乡村建设实践，将儒学价值真正落实于民间，使儒学不只是一种学问，更是一种生命态度、一种生活方式，实现了'生活儒学'的实践应用。"（郑治文，傅永聚：《明代"生活儒学"从阳明学向泰州学的展开》《中国哲学史》2016年第1期。）

① 牟钟鉴：《新仁学构想——爱的追寻》，北京：人民出版社，2013年版。

体现出了哲学诠释的那种"六经注我"的特点。

黄玉顺虽没有专门注释《论语》的著作，然而由于孔子儒学精神在其"生活儒学"建构中的重要奠基性地位，他的相关论著中对《论语》中的思想话语的解读是十分常见的。按照黄玉顺"生活儒学"的观点，"生活儒学"的关键理论环节就是要回到孔子儒学那种"生活—情感"的存在之境，反思传统儒学那种主—客、形而上—形而下二分的思维模式，借鉴西方现象学的理论资源建构新的当代儒学范式——"生活儒学"。之所以将其命名曰"生活儒学"，就是强调他所建构的新儒学是回归孔子的有大本大源的儒学，即具有"存在（生活本源情感）—形而上—形而下"三个观念层级的儒学。黄玉顺的《论语》诠释的重要特色就是借对《论语》中相关思想话语的解读，充分"发明"其以"存在（生活本源情感）—形而上—形而下"三个观念层级为核心的生活儒学观念，这同样十分典型地反映出了哲学诠释的那种"六经注我"的特点。

因此，本章我们主要以李泽厚、黄玉顺为例，说明当代儒家学者是如何在当代儒学的视域下进行《论语》诠释的。

李泽厚的《论语》诠释是在其"情本体儒学"的"先见"下展开的。他的《论语今读》，是其在批判反思第二、三期儒学之思想偏失，实现当代儒学（第四期儒学）重建的时代"先见"，以及以"情"本体为核心的新儒学思想的观念"先见"下对《论语》文本做出的创造性理解。在"情"本体的观念"先见"下，李泽厚以"情"释"仁"，奠定了其《论语》诠释的"情本体化"的基调，也集中表现了其《论语》诠释的本体诠释意蕴。

同样，黄玉顺的《论语》诠释也是在其"生活儒学"的"先见"下进行的。在"复归生活，重建儒学"的时代"先见"，以及"生活—存在"的思想视域下的"生活—形而上学—形而下学"的"三个观念层级"的思想"先见"下，黄玉顺对孔子思想以及《论语》中的部分思想话语进行了创造性地诠释。其中，他在"生活—存在"思想视域下的本源情感、仁爱情感的奠基性观念下对《论语》的诠释，也使其《论语》诠释具有了某种本体诠释的重要意蕴。

第一节 李泽厚"情本体儒学"的《论语》诠释及其本体诠释意蕴

《论语今读》是当代儒学的重要代表人物李泽厚注解《论语》文本的专门著述。该书不着眼于对《论语》文本进行注疏式的理解,而是在其"情本体"的儒学观念下对《论语》文本进行了当代视野下的解读。具体而言,李泽厚的《论语今读》,是其在批判反思第二期儒学(董仲舒为主要代表的汉唐儒学)、第三期儒学(从宋明理学到其"现代翻版"的现代新儒学)之思想偏失,实现当代儒学(第四期儒学)重建的时代"先见",以及以"情本体"为核心的新儒学思想的观念"先见"下对《论语》文本做出的创造性理解。在"情本体"的观念"先见"下,李泽厚以"情"释"仁",奠定了其《论语》诠释的"情本体化"的基调,也集中表现了其《论语》诠释的本体诠释意蕴。

一、回归原典,重建儒学 —— 李泽厚《论语》诠释的当代"先见"

李泽厚是当代儒学发展的重要标志人物。他之所以要回归原始儒学,重新解读原始儒学奠基的重要经典文本——《论语》,主要是出于实现当代儒学重建和创新的理论思考。为什么当代儒学重建和创新要向孔子所代表的原始儒学、向《论语》所展现的精神世界回归呢?李泽厚提出这种思考,显然与其对整个中国儒学史的发展脉络的深度把握密切相关。

不同于现代新儒家代表人物牟宗三、杜维明所主张的"儒学三期"发展的构想,李泽厚提出了"儒学四期"发展的主张。他把孔孟荀代表的原始儒学作为第一期;董仲舒等代表的汉代儒学作为第二期;程朱陆王等代表的宋明儒学作为第三期;现在或未来的儒学发展作为第四期。需要指出的是,李泽厚并不把现代新儒学作为儒学发展的独立的一期,而只是将其定义为是宋明理学的现代翻版。对于现在或未来的儒学发展,李泽厚强调,"第四期"的儒学虽有继承前三期之处,但理应有其自身的时代特色。如何批判继承前三期儒学,实现第四期儒学(当代儒学)的新开展?李泽厚通过对前三期儒学发展成就和思想缺陷的"诊断",强调重建儒学要对第二、三期的儒学做一种"解构"的工作，向第一期的原始儒学回归。

李泽厚认为，儒学、孔子和《论语》主要呈现为一种非宗教非哲学或"半宗教半哲学"的特征，对于儒学的"解构"和"重建"需要从"教"（宗教）和"学"（哲学）两方面入手。为什么要"解构"第二、三期的儒学呢？李泽厚分析指出，第二期儒学（汉）的主题是"天人论"，基本范畴是阴阳、五行、感应、相类等，虽极大地开拓了人的外在视野和生存途径。但也使个人屈从、困促在这人造系统的封闭因式中。第三期儒学（宋明理学）主题是"心性论"，基本范畴是理、气、心、性、天理人欲、道心人心等，虽极大地高扬了人的伦理本体，但这样也使得个人臣伏在内心律令的束缚统制下，忽视了人的自然①。因此，对于第二、三期儒学的"解构"，从"教"（宗教）的方面来说需要厘定澄清和"意识化；从"学"（哲学）的方面来说，则需要从种种体系化的"阴阳五行""性理天命""道德的形而上学"中解放出来，使它恢复原典儒学例如在《论语》中所表现出来的那种真正活泼、具体的人间情趣②。概括起来说，李泽厚所谓的儒学"解构"就是把儒学从第二期的"意识形态化"和第三期的"道德形上学"中解放出来，向先秦原典儒学的真精神回归。李泽厚对《论语》的解读和诠释，正是基于这种回归原典、重建儒学的当代"先见"下进行的。

李泽厚重新解读《论语》，正是要重探原典儒学的本真精神，并在原典儒学的精神下审视汉代儒学、宋明理学、现代新儒学的理论偏失，以此达到"解构"第二、三期儒学，向第一期儒学回归，重建第四期儒学的目的。通过对第二、三期儒学的"解构"，向孔子、《论语》的回归，李泽厚提出，当代儒学（第四期儒学）的重建，在"教"的方面，不必模仿基督教或伊斯兰教，再去塑建人格神的上帝，而是可以考虑回到"天地国亲师"——那松散而灵活、没有人格神上帝

---

① 李泽厚：《说儒学四期》，上海：上海译文出版社，2012年版。
② 李泽厚：《〈论语今读〉前言》《中国文化》1995年第11期；李泽厚：《论语今读》，北京：中华书局，2015年版，前言第7页。

的儒学的"宗教"传统①;"在'学'的方面,则似乎不必再去重建各种'气'本体、'理'本体、'心性'本体的哲学体系了。'情本体'可以替代它们。"②

在"学"的方面,为什么不必再去重建各种"气"本体、"理"本体、"心性"本体的哲学体系了呢?通过对《论语》的重新解读,李泽厚发现,足以为儒学整个价值体系奠基的并不是什么"天人感应"的学说,也不是什么"道德的形而上学",而应该是"情本体"的哲学。由此,李泽厚之所以重视《论语》一书,并对其进行重新注释,正在于试图"解构"第二、三期儒学构造某种"超越"(天、道、理、天理等)来统治人们的传统,回归孔子儒学以"情"为本体的纯正精神。换句话说,李泽厚"注"《论语》,其中包含、体现了"情本体"的哲学精神。

解构第二、三期儒学的"天人感应"说和"道德形而上学",向先秦原始儒学的"情本体"哲学回归,重建当代儒学,是李泽厚重新解读《论语》的主要问题意识和时代感受所在。或者说,李泽厚《论语今读》是在回归原始儒学传统,重建当代儒学的时代"先见"下对《论语》做出的新诠释、新解读。李泽厚在《论语今读》一书的前言中就明确指出,回归原典,重探儒学,乃《今读》宗旨。"它自不应同于以董仲舒为代表以"天人感应"图式为特征的汉代儒学,也不同于以朱熹、王阳明为代表以心性论为特征的宋明理学以及它的现代翻版的道德形而上学('现代新儒学'),与它们经营构造知识,权力体系统摄一切相反,原典儒学的新阐释将以情为体,强调多元化、个体人格和心理积淀,重宽容,不构建体系,从而也与排斥异己、好斗为性的其他宗教的原教旨主义相区别,这也是《今读》为何采用这种随兴而发、零散议论的原因。"③需要注意的是,李泽厚所谓的"回归原典"并不意味着完全向《论语》经典文本的"本义"回归,其所提出的向《论语》的"情本体"哲学的回归,与其说是回归《论语》,不如说是在其以"情本

---

① 李泽厚:《〈论语今读〉前言》,《中国文化》1995年第11期;李泽厚:《论语今读》,北京:中华书局,2015年版。

② 李泽厚:《〈论语今读〉前言》,《中国文化》1995年第11期;李泽厚:《论语今读》,北京:中华书局,2015年版。

③ 李泽厚:《论语今读》,北京:中华书局,2015年版。

体"为核心的观念体系（当代"先见"）下对《论语》做出的一种现代解读[①]。

二、情理交融——李泽厚"情本体儒学"观念"先见"下的《论语》诠释

回归原典，重读《论语》，探寻儒学传统的本真精神，是李泽厚立足于对儒学前三期的发展，尤其是对第二、三期儒学的偏失的考察而提出的基本论说。正是在这种观念前提下，李泽厚对《论语》的"今读"，并不是着眼于对《论语》文本本身的注释，而是在"解构"第二、三期儒学，回归第一期儒学的"先见"下，对《论语》思想意义的重新"发明"。

李泽厚对《论语》的"今读"，分为"注""译""记"三个部分，其中"记"的部分占有相当的篇幅。从"记"来看，与其说是李泽厚在"注"《论语》，不如说是《论语》在"注"李泽厚。具体来说，是以《论语》来"注解"其基于当代儒学创新的构想而"悟"得的"正见"。也就是说，李泽厚的《论语今读》主要反映了一种面向现实的定向，体现了"六经注我"的诠释特点[②]。李泽厚的《论语今读》"记"的部分所贯穿的种种思想观念（"我"），很难说是《论语》的文本的"本义"所在，而是其基于对儒学发展的认识而提出的某种"先见"。基于对《论语今读》"记"的部分的整体把握，我们认为，李泽厚《论语》诠释的"先见"主要是以"情本体"为核心，包含"一世界""实用理性""乐感文化"等思想内容的观念体系。其中，"情本体"思想无疑是李泽厚《论语》诠释最为重要的观念前提。

虽然李泽厚一再强调，"情本体"是儒学、孔子和《论语》的本真精神所在，然事实上我们却很难说《论语》中孔子那里本身就有这样的思想认识。李泽厚"情本体"观念与《论语》文本，充分反映了诠释主体（"我"）与经典文本之间不断对话互动的辩证过程。这主要表现在：

[①] 关于李泽厚的"情本体"思想，参阅牟方磊：《李泽厚"情本体"论研究》，湖南师范大学博士学位论文，2013年。

[②] 孙福万：《〈论语今读〉与中国人的主体性问题》《江苏广播电视大学学报》2002年第5期。

一方面，《论语》的生命智慧、概念话语变成了"注解"李泽厚"情本体"观念的重要思想资源，进一步深化了其对"情本体"的认识。《论语》中孔子对作为礼乐文化内在依据的"仁""敬""戚"（心）"安与不安"等的重视，恰好成为了李泽厚"发明"情本体思想观念的重要思想泉源。在其所识得的"情本体"的观念前提下，李泽厚最为推崇的就是《论语》中"宰我问三年之丧"一章。据《论语·阳货》篇载：

> 宰我问："三年之丧，期已久矣。君子三年不为礼，礼必坏；三年不为乐，乐必崩。旧谷既没，新谷既升，钻燧改火，期可已矣。"子曰："食夫稻，衣夫锦，于女安乎？"曰："安。""女安，则为之！夫君子之居丧，食旨不甘，闻乐不乐，居处不安，故不为也。今女安，则为之！"宰我出。子曰："予之不仁也！子生三年，然后免于父母之怀。夫三年之丧，天下之通丧也，予也有三年之爱于其父母乎！"①

对此，李泽厚注释说，这是全书最关键的一章。孔子将"礼"（"三年之丧"）建立在心理情感原则（"心安"）上。于是儒学第一原则乃人性情感，"三年"或"一年"并不重要，正是孔子给了它一个解释，即以心理情感作为最终依据②。

此外，《论语》中孔子以"仁"为"礼"之内在根据、林放问"礼之本"等话语，也颇为李泽厚所称道。孔子以"仁"作为礼乐文化的内在依据，在"情本体"的观念下，李泽厚将其解释为：儒学将其基本理由、理论建立在情感原则基础上。《论语今读》中李泽厚对于有子说的"孝悌也者，其为仁之本与"一章的诠释中，就明确地表达了这种思想。《论语·学而》篇载：

> 有子曰："其为人也孝弟，而好犯上者，鲜矣；不好犯上，而好作乱者，未

---

① 《论语·阳货》，杨伯峻译注：《论语译注》，北京：中华书局，1980年版。
② 李泽厚：《论语今读》，北京：中华书局，2015年版。

之有也。君子务本，本立而道生。孝弟也者，其为仁之本与！"①

在对这一章的注释中，李泽厚指出："儒学之所以不是某种抽象的哲学理论、学说、思想，其要点之一正在于它把思想直接诉诸情感，把某些基本理由、理论，建立在情感心理的根基上，总要求理知与情感交融。"②基于这种认识，李泽厚强调，今日来读，应该甩开那些什么"犯上作乱"等过时的具体主张或要求，甩开那以为以此为基础就能够使政治清明、天下太平的幻想，而注意它的特征在于，把"人"或"仁"的根本建立在日常生活即与家庭成员的情感关系之上。孔学儒家教义的特征之一，首先强调的正是这样一种"家庭"中子女对于父母的感情的自觉培育，以此作为"人性"的本根、秩序的来源和社会的基础③。显然，这里，李泽厚主要发挥了"孝悌也者，其为仁之本与"的说法，提出儒家是把孝、悌等"家庭价值"建于家庭成员的情感关系之上。从这种认识来看，《论语》中作为孝、悌等道德价值内在依据的"仁"，也被纳入了"情本体"的观念之下。

另外，对《论语》中"人而不仁如礼（乐）何""礼之本"等相关话语，李泽厚也在"情本体"的观念下予以了新的诠释。《论语·八佾》篇载：

子曰："人而不仁，如礼何？人而不仁，如乐何？"④

对此，李泽厚注释道：这是一篇大文章，说的是外在形式的礼乐，都应以内在心理情感为真正的凭依。否则只是空壳和仪表而已。由此，他继续引申说道："孔学一个基本特征，在于塑造人性心理，这'人性心理'主要应是某种'情—理结构'，即理性（理智、理解）与情感（情绪、情欲）的各种不同程度、不同关系、不同比例的交融结合。"⑤同样，对于"林放问礼"一章，李泽厚也这样来解释，

---

① 《论语·学而》，杨伯峻译注：《论语译注》，北京：中华书局，1980年版。
② 李泽厚：《论语今读》，北京：中华书局，2015年版。
③ 李泽厚：《论语今读》，北京：中华书局，2015年版。
④ 《论语·八佾》，杨伯峻译注：《论语译注》，北京：中华书局，1980年版。
⑤ 李泽厚：《论语今读》，北京：中华书局，2015年版。

第五章 现代儒学视域下的《论语》诠释——以李泽厚、黄玉顺为例

强调将礼乐文化建立在心理情感原则之上，是孔子儒学的一个主要特征。

> 林放问礼之本。子曰："大哉问！礼，与其奢也，宁俭；丧，与其易也，宁戚。"①

对这一章，李泽厚注释说："本章又一次具体强调心理情感（戚）是根本，比外在仪文重要。由畏（殷）而敬（周）而爱（孔子），这种培育着理性化的情感成为儒学的主要特征。……所以，不是天本体、气本体、理本体、心本体、性本体，而是'情本体'才是儒学要点所在。"②这里，李泽厚明显是假借对《论语》的注释，发挥了其"情本体"的思想观念。以"情本体"作为儒学的要义，充分反映了李泽厚的《论语》诠释"回归原典，重探儒学"的主要问题意识。

可见，《论语》中孔子以"仁"和人的内在情感作为礼乐文化根基的思想，无疑成为李泽厚"发明"情本体观念最重要的经典文本依据。李泽厚通过对上述内容的注释，阐发了其"情本体"的思想。在这个意义上说，《论语》的思想话语成为李泽厚"情本体"思想观念的重要注脚。

另一方面，李泽厚的《论语今读》对《论语》的当代视野下的诠释，拓展了《论语》的意义空间③。李泽厚不仅以《论语》的思想话语来"注解"和说明其"情本体"的观念，同时他在"情本体"的观念前提下对《论语》的诠释，也使《论语》文本的部分思想话语被"情本体化"了，从而拓展了《论语》的意义空间。比如，对于《论语》中作为礼乐内在依据的"仁"，李泽厚就将其解释为"情本体"观念下的一种情理建构，以人内在的心理情感作为礼仪实践的真实动力。由此，在"情本体"的观念下，《论语》中的"仁"就被赋予了"情理结构"的新

---

① 《论语·八佾》，杨伯峻译注：《论语译注》，北京：中华书局，1980年版。
② 李泽厚：《论语今读》，北京：中华书局，2015年版。
③ 在"面向现实""六经注我"的诠释定向下，我们可以将其视为是拓展经典文本的意义空间，使经典文本与主体面对之现实结合起来。然而，在"面向历史（文本）""我注六经"的诠释定向下来看，这种意义空间的拓展实际上也多半可能是对经典文本的"曲解"、"比附"。这是本论文需要一再说明的问题。

意义。李泽厚《论语今读》的"六经注我"的哲学诠释特色主要表现为,其以"情本体"(情理交融)为核心,在"情本体""一个世界""实用理性""乐感文化"等观念前提下对《论语》进行了当代视野下的注释和解读。这主要表现在:

其一,"情本体"(情理交融)思想观念下的《论语》诠释。除了以"情"来释"仁"外,李泽厚对《论语》中"乐与淫""哀与伤""文与质"等相互关系,以及"以直报怨,以德报德"等诸多内容的理解,都是在"情本体"的情理交融的思想观念下来说明的。《论语·八佾》篇载:

> 子曰:"关雎,乐而不淫,哀而不伤。"①

这里,李泽厚借对"乐与淫""哀与伤"相互关系的分析,发挥了"情"本体"情理交融"的思想观念。他解释道:"'淫''伤'均作过分、过度解,是说诗表达的快乐和悲哀的情感都很恰当,绝不过分。过分就有伤于个体身心,有害于社会群体。"在此基础上,他就引申出了儒学"情理交融"的"情本体"观念。他说:"儒学的特征在于:理知不只是指引、向导、控制情感,更重要的是,要求将理知引入、渗透、溶化在情感之中,使情感本身例如快乐得到一种真正是人的而非动物本能性的宣泄。这就是对人性情感作心理结构的具体塑造。"②很明显,这里李泽厚是借孔子"乐而不淫,哀而不伤"的思想话语来"注解"了其所谓儒学以情理交融为特征的重要观念。

同样,对《论语》中孔子不同意厚葬颜回一事,李泽厚也是基于这种"情理交融"的观念进行了解读。《论语·先进》篇载:

> 颜渊死,门人欲厚葬之。子曰:"不可。"门人厚葬之。子曰:"回也视予犹父也,予不得视犹子也。非我也,夫二三子也。"③

---

① 《论语·八佾》,杨伯峻译注:《论语译注》,北京:中华书局,1980年版。
② 李泽厚:《论语今读》,北京:中华书局,2015年版。
③ 《论语·先进》,杨伯峻译注:《论语译注》,北京:中华书局,1980年版。

对这句的理解，李泽厚主要抓住个体情感（情）与社会秩序（礼）的关系来说。他指出，这里，孔老夫子把个体的情感表达与社会礼制的遵守，分得很清楚。由此，他进一步发挥说道："个体毕竟不能等同于社会，情感亦不能完全屈从于理性，否则人乃机器一架而已。所以一面纵情痛苦，过分伤心；另一面反对厚葬，坚持礼制。社会行为坚持原则，个人情感有灵活性。"①李泽厚讲的个体情感与社会礼制的统一的问题，其实主要体现的也是其情理交融的"情本体"观念。

另外，李泽厚对《论语》中孔子说的"以直报怨，以德报德"的话语的注释，同样是在"情本体"的观念前提下来说明的。《论语·宪问》篇载：

> 或曰："以德报怨，何如？"子曰："何以报德？以直抱怨，以德报德。"②

对此，李泽厚注释说："既不滥施感情，泛说博爱，也不否认人情，一切以利害为准则，而是理性渗入情感中，情感以理性为原则。"[3]通过对《论语》的注释，李泽厚着重阐发了"理性渗入情感中，情感以理性为原则"的情理交融的思想。从上述内容来看，我们也可以清楚地发现，李泽厚以《论语》的思想话语来"注解"其哲学观念的"六经注我"的诠释特点。具体来说，《论语》中"乐与淫""哀与伤""文与质""以直报怨，以德报德"等相关话语，成为李泽厚"发明"其情理交融的"情本体"观念的重要文本依据。

基于"情本体"的观念内核，李泽厚还以"一个世界""实用理性""乐感文化"等思想观念来概括以儒家文化为主要代表的中华文化的人文精神。在李泽厚看来，儒家"情本体"的观念内核，决定了其"一个世界""实用理性""乐感文化"等精神特质。或者说，"情本体"的观念本身就包含着"一个世界""实用理性""乐感文化"等思想精神。"情本体"观念以"情"作为本体，将价值理想建基于人间的真实情感之上，而不是去构建一个完全凌驾于生活世界之上的

---

① 李泽厚：《论语今读》，北京：中华书局，2015年版。
② 《论语·宪问》，杨伯峻译注：《论语译注》，北京：中华书局，1980年版。
③ 李泽厚：《论语今读》，北京：中华书局，2015年版。

神圣天国和"超越"世界。李泽厚说:"因为'情本体'恰恰是无本体,'本体'即在真实的情感和情感的真实之中。它以把握、体认、领悟当下的和艺术中的真情和'天人交会'为依归,而完全不再去组建、构造某种'超越'来统治人们"^①。其实这就是儒家"一个世界"的哲理精神。儒家总是在此生活世界的情感真实中来谈价值理想,而不好言"性与天道"去编织一个抽象的"理念世界",这体现了其"实用理性"与"乐感文化"的重要精神特质。

正像李泽厚的《论语今读》所表现的"情本体"观念与《论语》文本之间的互动对话一样,其"一个世界""实用理性""乐感文化"等思想观念与《论语》文本之间也呈现出这样一种复杂交互的过程:"一个世界""实用理性""乐感文化"等思想观念的"前见"下的《论语》当代诠释,既赋予了《论语》文本新的时代内涵,拓展了其意义空间,同时又以《论语》的思想话语"注解"了李泽厚,深化了其对"一个世界""实用理性""乐感文化"等观念的认识。

其二,"一个世界"思想观念下的《论语》诠释。李泽厚认为,儒家"一个世界"的思想观念,强调将道德价值理想寓于生活世界之中,颇不同于西方将"超越"世界与世俗世界对立的"二世界"的精神。在《论语今读》中,李泽厚借对孔子"里仁为美""夫子之言性与天道,不可得闻"等话语的诠释,表达了这种"一个世界"的思想观念。《论语·里仁》篇载:

　　子曰:"里仁为美。择不处仁,焉得知?"[②]

这里,李泽厚解读说:"正因为以情为体,儒家总肯定此世间生活即为美、为善,不必硬去追求来世、彼岸或天国的美善。此乃'里仁为美'的深意。"他认为,儒学以情为本体,重视在此生活世界中实现美、善的价值,孔子"里仁为美"的说法就反映了这点。"里仁为美",肯定这个此在的生活世界,反映了中国文化独特的"一个世界"的观念。这也就是李泽厚所说的:"我一直强调中国

---

① 李泽厚:《论语今读》,北京:中华书局,2015年版。
② 《论语·里仁》,杨伯峻译注:《论语译注》,北京:中华书局,1980年版。

文化特征是'一个世界',即这个充满人间情爱的现实世界,即以'里仁为美'也,而与其他文化的两个世界(天国人间)颇不相同。"①

此外,李泽厚还着重发挥了《论语》中孔子罕言"性与天道"的说法,认为孔子很少讲"性与天道"这样的问题,正在于他重视以此在的生活世界来显现超越的"天道"。《论语·公冶长》篇载:

> 子贡曰:"夫子之文章,可得而闻也;夫子之言性与天道,不可得而闻也。"②

对此,李泽厚这样来解读:"孔子强调从近处、从实际、从具体言行入手,因之学生发此赞叹。不是不讲,而是不直接讲。其实,没有这个'非本真'的穿衣吃饭的日常生活,又哪能来那高深莫测的'本真'的'有'?"③基于这种认识,李泽厚提出,孔子不是毫不讲"性与天道",他只是很少讲这些大题目,而宁肯多讲各种具体的"仁""礼","道在伦常日用之中",这才是真正的"性与天命"。④这里,李泽厚强调,孔子不是不讲"性与天道",而是要把超越的"性与天道"寄寓于人伦日用的生活世界来讲。因此,"夫子之言性与天道,不可得而闻"的深层意义乃在于,"道在伦常日用之中"。"道在伦常日用之中"所反映的正是李泽厚所主张的"一个世界"的思想观念。

从上述内容来看,李泽厚显然是在"一个世界"的观念前提下来说明《论语》中"里仁为美""夫子之言性与天道,不可得而闻"等问题的。可以说,他在很大程度上是基于"一个世界"的观念前提对《论语》进行解读的。进一步来说,李泽厚假借《论语》中"里仁为美""夫子之言性与天道,不可得而闻"等思想话语,"注解"了其"一个世界"的思想观念,深化了他的这种认识。

---

① 李泽厚:《论语今读》,北京:中华书局,2015年版。
② 《论语·公冶长》,杨伯峻译注:《论语译注》,北京:中华书局,1980年版。
③ 李泽厚:《论语今读》,北京:中华书局,2015年版。
④ 李泽厚:《论语今读》,北京:中华书局,2015年版。

其三,"实用理性"思想观念下的《论语》诠释。与"一个世界"的思想观念相一致,李泽厚还提出了"实用理性"的论说。他认为,中国文化"实用理性"的首要表现就是,重视此在的生活世界,不好言抽象超越的"性与天道"。在《论语今读》中,李泽厚对"中庸"的诠释就表现运用了这种"实用理性"的观念。《论语·雍也》篇载:

> 子曰:"中庸之为德也,其至矣乎!民鲜久矣。"①

什么是"中庸"?李泽厚特别引述了朱熹、何晏、陈淳、徐复观的说法。"庸"者,朱熹注曰"平常也",何晏《集解》也释"庸"为"常"。陈淳《北溪字义》中则说:"凡日用间人所常行而不可废者,便是正常道理。惟平常,故万古常行而不可废。如五谷之食,布帛之衣,万古常不可改易。"徐复观说:"所谓庸是把'平常'和'用'连在一起,以形成新内容的。……'庸'者,指'平常地行为'而言。所谓'平常地行为',是指随时随地,为每一个所应实践所能实现的行为。……表明了孔子乃是在人人可以实践、应当实践的行为生活中,来显示人之所以为人的'人道',这是孔子之教与一切宗教乃至形而上学断然分途的大关键。"②在征引上述各家之说的基础上,李泽厚提出,"中庸"即其所谓的"实用理性"。他说:"'中庸'者,实用理性也,乃不可改易的民族精神,它着重在平常的生活实践中建立起人间正道和不朽理则,此'人道',亦'天道'。虽平常,却乃'道'之所在。所以孔子才有'中庸之为德,甚至矣乎'的赞叹。这就是最高处所。此最高处所并不在另一世界或超越此世间。"③李泽厚强调,在平常的生活实践中确立起超越的理则和精神,就是孔子说的"中庸"之旨,它体现了儒家"一个世界"的思想观念,体现了中华民族"实用理性"的文化精神。

此外,中华民族"实用理性"的文化精神还表现为,以儒家为主要代表的中

---

① 《论语·雍也》,杨伯峻译注:《论语译注》,北京:中华书局,1980年版。
② 徐复观:《中国人性论史》,台北:台湾商务印书馆,1969年版。
③ 李泽厚:《论语今读》,北京:中华书局,2015年版。

第五章　现代儒学视域下的《论语》诠释——以李泽厚、黄玉顺为例

华文化不注重去追问"什么是"的问题，而总是讨论"如何做"的问题。也就是说，中国文化不重视对定义、概念的明确界定。在这种"实用理性"的观念前提下，李泽厚提出，对《论语》中孔子弟子"问孝""问仁"等，不应该理解为是"什么是孝""什么是仁"，而应该是"如何是孝""如何是仁"。《论语·为政》篇载：

> 孟懿子问孝。子曰："无违。"
> 樊迟御，子告之曰："孟孙问孝于我，我对曰，无违。"樊迟曰："何谓也？"子曰："生，事之以礼；死，葬之以礼，祭之以礼。"①

李泽厚在其作的"记"中指出，"问孝""问仁"等，有译作"问什么是孝""问什么是仁"等。孔子回答总是如何去做（行为），才是"孝""仁"。因此，译作"如何是孝""如何是仁"等等更准确。在此基础上，他做了进一步的发挥，他说："中国从来少有'什么是'，即少有 Being 和 Idea 的问题而总是'how'（如何），这正是中国实用理性一大特征，它的视角、途径、问题、语言、思维方式颇不同于希腊。"②

同样，对《论语·为政》中"孟武伯问孝"③一章的注释，李泽厚也指出，对"如何是孝"的问题，孔子的回答皆是因人而异的。李泽厚强调，这一点非常重要，因为这种想象中还别有深意。"它不但说明孔子完全根据具体情况（不同的人、事、境遇，不同的需要、缺点、问题）给予各不相同的回答，更重要的是，如果与柏拉图（Plato）的对话录相比较，后者所追求的是从各种具体事物和具体概念（如美的瓶罐、美的小姐等）中抽升出一普通必然以至超越的'理式'（如美的 Idea），认为那才是真理之所在。"④李泽厚认为，这也是儒家"实用理性"

---

① 《论语·为政》，杨伯峻译注：《论语译注》，北京：中华书局，1980年版。
② 李泽厚：《论语今读》，北京：中华书局，2015年版。
③ 《论语·为政》，杨伯峻译注：《论语译注》，北京：中华书局，1980年版。
④ 李泽厚：《论语今读》，北京：中华书局，2015年版。

的重要表现。

从上面的注释来看,李泽厚是以"实用理性"的思想观念来解读《论语》中的"中庸"之说和孔子弟子"问孝""问仁"等问题的。通过这种解读,李泽厚在以《论语》的思想话语"注解"其"实用理性"的思想观念的同时,也拓展了《论语》文本的意义空间。

其四,"乐感文化"思想观念下的《论语》诠释。以"情本体"作为奠基性观念,李泽厚认为,儒家文化传统除了具有"一个世界""实用理性"的重要精神特质外,还包括"乐感文化"的重要思想观念。李泽厚提出,儒家"乐感文化"的深意在于"一个世界"的设定,即"乐"是此人世间的快乐,它不去谈论、不去构想那种所谓神圣天国的"快乐"。基于这种思想观念,李泽厚对《论语》开篇的第一章作了深度的阐释。《论语·学而》篇载:

> 子曰:"学而时习之,不亦说乎?有朋自远方来,不亦乐乎?人不知,而不愠,不亦君子乎?"①

对于此章,李泽厚在其所做的"记"中评论道:"'乐感文化'的关键在于它的'一个世界'(即此世间)的设定,即不谈论、不构想超越此世间的形上世界(哲学)或天堂地狱(宗教)。"②在这种观念前提下,李泽厚认为,作为儒学根本,首章揭示的"悦""乐",就是此世间的快乐:它不离人世、不离感性而又超出它们。学习"为人"以及学习知识技能而实践之,当有益于人、于世、于己,于是中心悦之,一种有所收获的成长快乐。有朋友从远方来聚会,来见面,来相酒,来聊天其实不也愉快?这"乐"完全是世间性的,却又是很精神性的,是"我与你"的快乐,而且此"乐"还在"悦"之上③。

很明显,李泽厚对这一章的解读也是在其"乐感文化"的思想观念下进行的。

---

① 《论语·学而》,杨伯峻译注:《论语译注》,北京:中华书局,1980年版。
② 李泽厚:《论语今读》,北京:中华书局,2015年版。
③ 李泽厚:《论语今读》,北京:中华书局,2015年版。

从这里也可以发现，李泽厚《论语今读》一书"六经注我""面向现实"的诠释特色。李泽厚的《论语今读》，与其说是在"注"《论语》，毋宁说是以《论语》的思想话语来"注解"其"情本体""一个世界""实用理性""乐感文化"等思想观念。正如有论者指出的："'《六经》注我'是《论语今读》的主要注释特点，李泽厚的用意并不在于着力阐释《论语》原典，而是试图以《论语》为借镜来进一步阐发'实用理性''情感本体''乐感文化'等主张。"①当然，通过这种"六经注我"的哲学化诠释，李泽厚也在拓展着《论语》文本的意义空间。需要说明的是，李泽厚在"情本体""一个世界""实用理性""乐感文化"等观念前提下对《论语》的当代诠释，是以其"情本体"思想作为最重要的思想根基的。李泽厚在以"情本体"为中心的本体论观念下对《论语》的诠释，无疑也集中表现了李泽厚的《论语今读》的本体诠释意蕴。

三、以"情"释"仁"——李泽厚《论语》诠释的本体诠释意蕴

"解构"第二、三期的儒学，向第一期的原始儒学回归，重探儒学本真精神，是李泽厚的《论语》诠释的主要问题意识。通过对第二、三期儒学"天人感应"之学和"道德形而上学"的反思，尤其是对宋明理学理气心性本体的反思，李泽厚提出了向孔子儒学"情本体"回归的思想主张。如果说，宋明理学主要是程朱陆王等以心性本体为核心建构的"道德形而上学"的话，李泽厚则试图超越心性本体，重建原始儒学那种以"情"为本体的新儒学思想体系。正如李泽厚所说："今日如果重建以'仁'为'体'的哲学基础，那就是我所谓以心理—情感为本体。它将既非宇宙的'以太'（谭嗣同），也非超越（不管是外在的超越或内在超越）的'性''心'，当然更不是种种外在的华丽。"②

就《论语》诠释而言，如果说朱熹的《论语集注》主要是其立足于理学的"理"（"性"）本体观念对《论语》的新注释的话，那么，李泽厚的《论语今读》则

---

① 李健胜：《李泽厚对〈论语〉的文本定位与思想阐释——以〈论语今读〉为中心》《西北师大学报》（社会科学版）2011年第6期。

② 李泽厚：《论语今读》，北京：中华书局，2015年版。

主要是在其"情本体"的观念下对《论语》做出的当代视野下的解读。也就是说，朱熹的《论语集注》、李泽厚的《论语今读》都有本体诠释的意蕴可言，二者之差异主要在于本体论的观念前提不同。正像朱熹将《论语》中的"仁"解释成"理"，并在"理"本体观念下对《论语》进行的本体诠释一样，李泽厚重以"情"（情理交融）释"仁"，且在"情本体"的本体论"先见"下对《论语》的"今读"，也构成了其《论语》诠释之本体诠释意蕴的主要体现所在。

在《论语今读》中李泽厚直接批判了朱熹将"仁"解释为"理"的偏失，指责其将"仁"所包含的"真情实感"剥离了。《论语·里仁》篇载：

> 子曰："苟志于仁矣，无恶也。"①

对此，李泽厚在"记"中直接评论道："朱熹解'仁'为'爱之理，心之德'，从而把'仁'说成'天理'。殊不知如此一抽象，就失去了那活生生、活泼泼的人的具体感性情感内容而成为君临事物的外在律令，歪曲了'仁'不脱离情感（本体不离现象）的根本特点。这是如何把握原典儒学一大要点。"②从李泽厚作的"记"来看，他并不是在注释"苟志于仁矣，无恶也"这句话，而是在发挥其"情本体"的思想，改变朱熹以"理"释"仁"的偏失，使"仁"恢复那活生生、活泼泼的具体感性情感。

同样，对于朱熹以"理"来释"天"，李泽厚也认为，"天"不能等同于"理"，因为"天"也保有感性情感的因素在内。《论语·八佾》篇载：

> 王孙贾问曰："与其媚于奥，宁媚于灶，何谓也？"子曰："不然；获罪于天，无所祷也。"③

对此，李泽厚在"记"中指出，朱熹以"理"注"天"引起了不少非议，有

---

① 《论语·里仁》，杨伯峻译注：《论语译注》，北京：中华书局，1980年版。
② 李泽厚：《论语今读》，北京：中华书局，2015年版。
③ 《论语·八佾》，杨伯峻译注：《论语译注》，北京：中华书局，1980年版。

人就指出"祷于天"并不是"祷于理"。在此基础上,李泽厚进一步解释道:"'天'之所以不能等同于'理',正在于仍保有情感性的因素在内;它虽然已自然化、理性化、非人格化,但仍潜存着原始巫术中为人所敬畏崇拜的神的遗迹,它直接与人的情感相联系。"①

此外,对于《论语》中"礼之本""人而不仁如礼何""礼云礼云玉帛云乎哉"等话语,李泽厚都在其"情本体"(情理交融)的思想观念下进行了解读,以"情"释"仁",将"仁"定义为是一种"情理结构"。为什么"仁"的情理结构可以作为本体呢?李泽厚在注释《论语》的过程中予以了说明。《论语·里仁》篇载:

> 子曰:"富与贵,是人之所欲也;不以其道得之,不处也。贫与贱,是人之所恶也;不以其道得之,不去也。君子去仁,恶乎成名?君子无终食之间违仁,造次必于是,颠沛必于是。"②

关于这句,李泽厚主要发挥了"君子无终食之间违仁"的说法,他在其所作的"记"中解释说:"'仁'之所以能贯串一切行为、活动、态度、人生,并不是因为它是道德律令、'天理''性体',而是一种经由自觉塑建的心理素质即情理结构的缘故也。"③也就是说,正是因为"仁"这样一种心理情感能贯穿于一切行为、活动、态度和人生中,孔子才会说"君子无终食之间违仁"。由此可以说,李泽厚借《论语》中孔子所谓"君子无终食之间违仁"的思想话语"注解"和丰富了其"情本体"的本体论观念。

李泽厚以"情"释"仁",将"仁"定义为是一种"情理结构",而不是将其作为某种道德律令、"天理"和"性体"。在此基础上,李泽厚提出,今日发展儒学要回归孔孟儒学以"仁"的情理结构为基础的"情本体"哲学。"仁"(情)

---

① 李泽厚:《论语今读》,北京:中华书局,2015年版。
② 《论语·里仁》,杨伯峻译注:《论语译注》,北京:中华书局,1980年版。
③ 李泽厚:《论语今读》,北京:中华书局,2015年版。

之所以能作为本体，正在于这种"真情实感"能够贯穿于一切态度、行为之中。李泽厚特别强调，这是今日发展之儒学，需要与宋明理学以及现代宋明理学（以冯友兰、牟宗三为代表）相区别的要点所在[①]。他还分析说："程朱派由于用'超越'的'理''性'作为管辖、统治具体人间情欲的主宰，于是戴震、谭嗣同等有'以理杀人'等浩叹。而陆王派则由于有'心'不离'身'说，于是便可以走向以'欲'为'性'的自然人欲论，而彻底毁弃道德形上学。看来，只有解构这些'理本体''性本体''心本体'，回到理欲相融，以情为体，也许更接近孔、孟，这才是回归原典，重构原典儒学。[②]回归原典，重构以"情"为体的原典儒学，构成了李泽厚《论语今读》的主要学术旨趣所在。在这种"先见"下，李泽厚以"情"释"仁"，奠定了其《论语》诠释的"情本体化"的基调，也集中表现了其《论语》诠释的本体诠释意蕴。

李泽厚的《论语今读》是其基于"情本体"，以及由此延伸出的"一个世界""实用理性""乐感文化"等观念前提，对《论语》做出的当代视野下的新解读、新诠释。这种诠释的重要特点就是，它主要体现了经典诠释中"面向现实"的定向，表现为一种"六经注我"的诠释要求，与中国古代的"宋学"传统较为接近。也就是说，李泽厚《论语今读》的重要特色是，不着眼于对《论语》文本本身的梳理，而是侧重于以《论语》的思想话语来"注解"其以"情本体"为核心的观念体系。正如有论者指出的："'《六经》注我'是《论语今读》的主要注释特点，李泽厚的用意并不在于着力阐释《论语》原典，而是试图以《论语》为借镜来进一步阐发'实用理性''情感本体''乐感文化'等主张。"[③]《论语今读》中，李泽厚以"情本体"为核心的观念体系与《论语》经典文本之间表现出了一种双向交互的对话过程：一方面，《论语》的思想话语成为了"注解"李泽厚"情本

---

① 李泽厚：《论语今读》，北京：中华书局，2015年版。
② 李泽厚：《论语今读》，北京：中华书局，2015年版。
③ 李健胜：《李泽厚对〈论语〉的文本定位与思想阐释——以〈论语今读〉为中心》《西北师大学报》（社会科学版）2011年第6期。

体"哲学体系的重要文本依据;另一方面,李泽厚基于"情本体"哲学体系对《论语》的解读,又拓展着《论语》文本的意义空间。这种"情本体"与《论语》文本之间的双向关系,深刻地反映着李泽厚《论语》诠释的本体诠释意蕴。

第二节 黄玉顺"生活儒学"的《论语》诠释及其本体诠释意蕴

黄玉顺及其本人所创构的"生活儒学"是当代儒学开展的重要代表。他虽没有诠释《论语》的专门著作,然其"生活儒学"中对孔子儒学、对《论语》思想话语的诠释占有重要的位置。在其"生活儒学"的视域下,黄玉顺特别推崇孔子及其所代表的原创儒学的思想精神,认为孔子仁学的那种仁爱的生活本源情感是儒家一切形而上学、形而下学观念的大本大源。当代儒学的复兴和重建要突破第二期儒学的"形上—形下"二元论的思想建构,向孔子所代表的原创时代有本有源的儒学回归。黄玉顺的孔子解读、《论语》诠释正是带着这种当代的问题意识和时代感受展开的。在"复归生活,重建儒学"的时代"先见",以及"生活—存在"的思想视域下的"生活— 形而上学— 形而下学"的"三个观念层级"的思想"先见"下,黄玉顺"生活儒学"视域下的《论语》诠释,充分地体现出了一种"六经注我"的哲学化诠释的特点。不仅如此,黄玉顺在"生活—存在"思想视域下的本源情感、仁爱情感的奠基性观念下对《论语》的诠释,也使其《论语》诠释具有了某种本体诠释的重要意蕴。就黄玉顺《论语》诠释的"六经注我""面向当下"的哲学化诠释特点而言,它对当代儒学尤其是当代新经学的重建和发展,具有重要的学术意义。

一、"复归生活,重建儒学"—— 黄玉顺的《论语》诠释的当代"先见"

当代儒学是现代新儒学之后儒学发展的重要阶段。目前当代儒学发展已经确立起了诸如"政治儒学""制度儒学""社会儒学""民间儒学""自由儒学""生活儒学"等重要范式。作为当代儒学的重要代表,黄玉顺及其所建构的"生活儒学"格外引人关注。多数学者初看"生活儒学",皆以为此是追求当代儒学生活化、民间化、实践化发展的一种重要理论探讨,然细察其要,其实黄玉顺的"生活儒学"并不"生活"①,也并不"儒学"。说其不"生活",是指其所谓的"生活"并非指形而下的日常生活,而是其所"自家体贴出来"的突破中西传统哲学"形上—形下"二元论之窠臼的"存在"论视域下的本源生活情感。说其不"儒学",是指其生活儒学并不应该完全放在儒学发展谱系中去考察,其以"生活—存在"的视域为根本内核的儒学是对中西哲学,尤其是儒学、现象学批判继承的结果。

黄玉顺认为,虽然一个时代的儒学终究是在面对着、解决着那个时代的生活中所产生的问题,然而"从当今的'生活—存在'的思想视域看,任何具体的生活方式,只不过是作为源头活水的生活本身所显现出来的某种衍流样式"②。由此,我们说,要真正读懂黄玉顺的"生活儒学",必先抓住其"生活—存在"视域、本源情感的灵魂。事实上,黄玉顺对儒学史的探源,对当代儒学重建和复兴的思考都是在此种视域下进行的。他对儒学史的分期和定位由此视域而入,对当代儒学重建和复兴的理论思考亦由此视域去说明。他说:"儒学的当代重建必须在当代的'生活—存在'的思想视域中进行,才能顺应当代的生活、而避免原教旨主义。这就需要对儒学史进行一种新的认识。"③

在"生活—存在"的思想视域下,黄玉顺提出了重写儒学史的问题④,并提出了新的"儒学三期发展"说。他认为,新的"儒学三期"说不同于牟宗三、杜维明的论说者主要在于,牟、杜等所追求的儒学第三期发展仍未突破宋明理学那

---

① 参阅杨虎:《别具一格的"非人的生活"——评生活儒学对"生活"与"人的生活"的区分》,杨永明,崔罡主编:《当代儒学》(第四辑),桂林:广西师范大学出版社,2013年版。
② 黄玉顺:《儒学当代复兴的思想视域问题——"儒学三期"新论》《周易研究》2008年第1期。
③ 黄玉顺:《儒学当代复兴的思想视域问题——"儒学三期"新论》《周易研究》2008年第1期。
④ 孙铁骑,黄玉顺:《儒学史应当如何重写》《甘肃社会科学》2015年第1期。

种"形上—形下"的二元论思维,根本未能进入当代前沿的"生活－存在"的思想视域[①]。"(他们)将儒学在现代的'第三期开展'仅仅归结为传统哲学的那种存在者化的'本—末''体—用'的形而上学构造,因而在本质上是与所谓'第二期'儒学、即专制时代的宋明理学同质的东西。结果,儒学在现代的'第三期开展'就只能是两种结局:要么是在现代性的境遇中陷入'本'与'末''体'与'用'的严重脱节,导致'老内圣'开不出'新外王'的尴尬,这正是现代新儒学的尴尬;要么是陷入一种无法'顺天应人'、而是试图宰割当代生活的某种原教旨主义的危险,这正是当前的某种'儒家原教旨主义'的危险。"[②]由此,他提出,第三期的当代儒学的重建和创新应该向第一期的那种有本有源的儒学回归。

在黄玉顺的"儒学三期"框架下,第一期的儒学(包括西周儒学、春秋儒学和战国儒学三个阶段)总的说来是一种有本有源(以本真的生活情感为本源)的儒学,只是从思孟、荀子开始这种有本有源的儒学逐步发生了歧变,而战国至秦汉中国社会的巨大转型则最终使儒学也转向了第二期的追求形而上学建构的儒学(包括前宋明儒学、宋明新儒学和后宋明儒学三个阶段)。他认为,秦汉以来中国社会的转型可以称为从"王道"时代向"专制"时代的转变;与此相应,儒学的转型就是从"王道儒学"向"专制儒学"的转变。"这种转变在思想方式上的一个根本特征,就是在理论形态上对生活本源的遮蔽与遗忘:尽管任何理论

[①] 我们上面论及,梁漱溟也是在"生活"的观念下来把握孔子、诠释《论语》的,但黄玉顺认为,梁漱溟的"生活"观念也没有进入"生活—存在"的视域。他说:"梁漱溟的'生活'观念还是关于某种绝对存在者整体、而非存在本身的言说,还没有彻底超越形而上学的视域;而生活儒学的'生活'观念是:生活即是存在,生活之外无所谓存在;一切存在者都归属于生活,奠基于存在。这也就是孔子仁学的'生活—存在'观念。"(黄玉顺:《孔子仁学的现代意义何以可能?——依据生活儒学的阐明》《理论学刊》2007年第10期;黄玉顺:《当代儒学"生活论转向"的先声——梁漱溟的"生活"观念》《河北师范大学学报》(哲学社会科学版)2008年第4期。)

[②] 黄玉顺:《儒学当代复兴的思想视域问题——"儒学三期"新论》《周易研究》2008年第1期。

总是渊源于当下的生活的,但这种生活渊源未必在理论形态上能得到自觉达。'①这就是说,第二期的儒学,总的来说,其主要特质就是形而上学的建构,它遮蔽了原始儒学"生活—存在"的视域。因此,对于第三期儒学的开展,黄玉顺提出,其最主要的特质就是,应突破第二期儒学的形而上学架构,向第一期有本有源的儒学回归。也就是说,尚未实现的第三期儒学,其前景在于向第一期儒学,尤其是孔子儒学回归,从而在当代重新建构一种有本有源、突破"形上—形下"二元论观念的新儒学。这也就构成了黄玉顺对当代儒学重建和复兴问题的主要理论思考,那就是复归生活,重建儒学。

从上述内容来看,"生活—存在"的思想视域已经成为黄玉顺分析儒学发展问题的某种特定的"先见"。我们甚至可以说,黄玉顺在对古今中西哲学的长期"渐修"中所悟得的"生活—存在"的思想视域,俨然成为其所自创的哲学观念。他对儒学史的评判、对当代儒学发展的思考都是在这种"先在"的观念下进行的。同样,他对孔子思想的把握、对《论语》中思想话语的诠释,也都是在这种观念前提下展开的。在这个意义上,我们可以说,黄玉顺的《论语》诠释其实并不是那种"我注六经"式下的讲解、注释,而是在假借孔子、《论语》来"发明"和"注解"其以"生活—存在"视域为核心的"生活儒学"的思想观念的。黄玉顺说:"我们要做的事情就是:复归生活,重建儒学。"②"复归生活,重建儒学",揭示了黄玉顺"生活儒学"的主要问题意识和时代关切。进一步而言,"复归生活,重建儒学"也正是黄玉顺解读孔子、诠释《论语》的时代"先见"。"与此相对应,"生活—存在"的思想视域以及由此而确立的"三个观念层级"的思想就是其《论语》诠释的主要观念"先见"。

二、生活本源——黄玉顺三个观念层级思想"先见"下的《论语》

---

① 黄玉顺:《儒学当代复兴的思想视域问题——"儒学三期"新论》,《周易研究》2008年第1期。
② 黄玉顺:《孔子仁学的现代意义何以可能?——依据生活儒学的阐明》,《理论学刊》2007年第10期。

诠释

"生活—存在"的视域是黄玉顺基于对二千多年来古今中西哲学，尤其是对儒家哲学和现象学的批评和反思而提出的重要哲学观念。他认为，西方哲学的开展一直没有突破"形上—形下"的二元论模式，即便到了海德格尔的现象学也未能改变它而进入"存在"的思想视域。儒家哲学的第二期（从秦汉到明清）也主要呈现的是一种形而上学建构的形态。因此，当代儒学（第三期儒学）的复兴和重建要在批判第二期儒学的基础上向原创时代的第一期儒学回归，即当代儒学应是一种有本有源，进入"生活—存在"视域的"生活儒学"。在黄玉顺看来，所谓"有本有源"、进入"生活—存在"视域的儒学，就是要突破传统儒学形而上学的建构，注意到形而上学本身也是需要被奠基的问题。儒学形而上学如何被奠基？那就需要进入前哲学、前形而上学的"生活—存在"的视域。由此，传统的形而上学那种"形上—形下"的两个观念层级，就变为了"'生活—存在'——形而上学——形而下学"的三个观念层级。黄玉顺说："生活儒学不以任何意义的形而上学'本体'为出发点，恰恰相反，生活儒学追问形而上学'本体'本身何以可能，从而追溯到'前形而上学''前本体论''前存在者'的'存在——生活'。这样一来，生活儒学也就打破了两千年来哲学的基本思维模式——'形而上者—形而下者'或者'形而上学—形而下学'的两级架构，揭示了观念的三个层级。"所谓"三个观念层级"就是：

观念的生成关系：①生活感悟➔②相对存在者➔③绝对存在者
观念的奠基关系：①生活本源➔②形而上学➔③形而下学 [①]

基于这种"生活—存在"思想视域下的"三个观念层级"的思想，黄玉顺对第一期的原创儒学尤其是孔子儒学推崇备至。在他看来，孔子的伟大不在于他是一个哲学家、形而上学家，或者伦理学家，而是存在的哲学家。"孔子的伟大，

---

① 黄玉顺：《爱与思 —— 生活儒学的观念》，成都：四川大学出版社，2006年版。

在于他的思想的丰富的层级性：在生活本源上建构形而上学，并将这种形而上学贯彻到作为'形而下学'的伦理原则中。这就是说，在孔子仁学中，观念的三个基本层级是完备的，存在视域没有被遮蔽。换句话说，孔子的仁学绝不仅仅是一种作为形而上学的'哲学'，更不仅仅是一种作为形而下学的'道德说教'，而首先是关于存在本身的领悟，或者关于生活本身的言说。"①

由此，黄玉顺对孔子儒学的解读、对《论语》的诠释，最重要的理论建树就是揭示了孔子仁学所代表的"生活—存在"的思想视域。也就是说，黄玉顺的《论语》诠释是其在"生活—存在"思想视域下的"三个观念层级"的思想"先见"下进行的。在这种"三个观念层级"的思想"先见"下，黄玉顺《论语》诠释的最大特点就是对《论语》所承载的孔子儒学进行了"三个观念层级"的区分。当然，这其中最重要的无疑是对"生活—存在"的第一个观念层级的揭示。这主要表现在，他以生活本源和"仁爱情感"解释《论语》中孔子说的"仁"，强调生活的本源情感是孔子一切思想观念的大本大源，是儒学形而上学、形而下学的根基。他认为，孔子说的"仁"既非什么形而下的道德范畴，也不是思孟、宋明理学家所定义的是什么"天赋"的"善性"，而是超越形上、形下之上的本真的生活情感。"在孔孟、尤其是孔子那里，仁爱首先既不是什么形而下的道德情感，也不是什么形而上的性体，而是本真的生活情感，生活的自然而然的情感显现。"②

因此，在孔子那里，"仁"是超越于一切形而上学、形而下学的本源性的概念。正因为如此，孔子儒学也可以说就是"仁学"。"仁"是一切儒学观念的大本大源，是孔子儒学一切形而上学、形而下学观念的奠基者。他说："孔子仁学的大本大源、源头活水，既不是既成的形而上的哲学建构，也不是既成的形而下的伦理构造，而是生活本身、存在本身以及生活的情感显现，而首先是仁爱情感

---

① 黄玉顺：《孔子仁学的现代意义何以可能？——依据生活儒学的阐明》《理论学刊》2007年第10期。
② 黄玉顺：《儒学复兴的两条路线及其超越》，《西南民族大学学报》2009年第1期。

的显现。唯其如此，孔学才恰如其分地被称为'仁学'。"①

黄玉顺认为，在孔子那里，仁爱是本源性的，在本源的意义下，孔学就是仁学。例如，孔子认为，人生在世，当以仁为依据："君子去仁，恶乎成名？君子无终食之间违仁，造次必于是，颠沛必于是。"②黄玉顺还指出，孔子说："志士仁人，无求生以害仁，有杀身以成仁。"③这是说"仁"比生命价值（形而上学）还要重要。孔子还说："人而不仁，如礼何？人而不仁，如乐何？"④对此，黄玉顺提出，这是说形而下的礼乐制度也当以"仁"作为依据。⑤为什么"仁"比形而上学意义下的生命价值、比形而下学意义下的礼乐制度都重要呢？黄玉顺的解释就是，人生的终极关怀、杀身成仁的价值理想和礼乐制度文化等观念皆属于形而上学、形而下学的观念层级，它们都要以"仁爱"的本源情感作为大本大源。正因此本源的生活情感的确立和奠基，才开出了孔子儒学种种形而上学、形而下学的观念。对此，对《论语》中"宰我问三年之丧"问题的深度解读，最能反映出黄玉顺那种以仁爱的本源情感作为孔子儒学奠基性观念的哲理思想。《论语·阳货》篇载：

> 宰我问："三年之丧，期已久矣。君子三年不为礼，礼必坏；三年不为乐，乐必崩。旧谷既没，新谷既升，钻燧改火，期可已矣。"子曰："食夫稻，衣夫锦，于女安乎？"曰："安。""女安则为之！夫君子之居丧，食旨不甘，闻乐不乐，居处不安，故不为也。今女安，则为之！"宰我出。子曰："予之不仁也！子生三年，然后免于父母之怀。夫三年之丧，天下

---

① 黄玉顺：《孔子仁学的现代意义何以可能？——依据生活儒学的阐明》，《理论学刊》2007年第10期。
② 《论语·里仁》，杨伯峻译注：《论语译注》，北京：中华书局，1980年版。
③ 《论语·卫灵公》，杨伯峻译注：《论语译注》，北京：中华书局，1980年版。
④ 《论语·八佾》，杨伯峻译注：《论语译注》，北京：中华书局，1980年版。
⑤ 黄玉顺：《论"仁"与"爱"——儒学与情感现象学比较研究》，《东岳论丛》2007年第6期。

之通丧也。予也有三年之爱于其父母乎？"①

关于这段话，黄玉顺指出，对于"宰我问三年之丧"的问题，孔子本可以以"礼也"这样的回答作为答案。但孔子并未如此，而是从"安与不安""爱""仁"的生活情感去说，亦即回到生活本身来说，回到"三年之丧"之"礼"的大本大源处去说。这表现在："一方面，这是源于仁爱情感的一种规范建构，这种生活情感是与历史时代无关的；但另一方面，制度规范的建构却必须是合乎时宜的，亦即必须顺应生活潮流的当下样式——当代的生活方式。"②在此基础上，黄玉顺进一步发挥说道："由'安''爱''仁'等生活情感出发，这实在是儒家在任何时代进行其儒学的理论建构的典范：从生活本身出发，去进行合乎时宜的形而上学、形而下学的建构。"③也就是说，"三年之丧"属于"礼"的社会规范的问题，"三年之丧"的依据自不能限于"礼"的形而下的层面去说。孔子从"安""爱""仁"的本源情感去立言，是上升到生活本源情感的本源处去说的。这种本源情感是永恒不变的，而"三年之丧"的"礼"则是随"时"而"损益"的，也就是孔子说的："殷因于夏礼，所损益可知也；周因于殷礼，所损益可知也。其或继周者，虽百世，可知也。"④

通过上述解读，黄玉顺将孔子说的"安""爱""仁"等观念确立在了"生活—存在"思想视域下的第一个观念层级上。由此，确定了孔子作为存在论哲学家的地位，也确立了孔子、《论语》所代表的原创时代有本有源的儒学的重要地位。

在确立了"生活—存在"的第一个观念层级后，黄玉顺对《论语》中孔子思想的"形上"和"形下"的两个观念层级也进行了解读。例如，《论语》中孔子说："天

---

① 《论语·阳货》，杨伯峻译注：《论语译注》，北京：中华书局，1980年版。
② 黄玉顺：《儒学当代复兴的思想视域问题——"儒学三期"新论》《周易研究》2008年第1期。
③ 黄玉顺：《儒学当代复兴的思想视域问题——"儒学三期"新论》《周易研究》2008年第1期。
④ 《论语·为政》，杨伯峻译注：《论语译注》，北京：中华书局，1980年版。

生德于予，桓魋其如予何？"①对此，黄玉顺解读为，"天生德于予"与《中庸》所谓"天命之谓性"的说法是一致的，这里的"天"属于形而上学的建构，即以"天"作为形而下学的"德"或"性"的终极依据。又如，《论语》载：齐景公问政于孔子，孔子对曰：君君、臣臣、父父、子子。②黄玉顺认为，孔子所谓"君君、臣臣、父父、子子"是儒家政治哲学的形而上学，它是儒家形而下学的规范、制度（君臣父子之礼）等得以安排的依据③。

从上述内容来看，黄玉顺对孔学的解读，对《论语》的诠释是在"生活本源——形而上学——形而下学"的"三个观念层级"的思想视域下去说的。"三个观念层级"的思想就是黄玉顺"讲"孔子、"注"《论语》的主要观念"先见"。在很大程度上，我们可以说，黄玉顺"讲"孔子、"注"《论语》主要是为了以孔学、《论语》来"发明"和"注解"其基于古今中西哲学的反思而识得的"生活—存在"的思想视域和"三个观念层级"的重要思想。在"生活—存在"的思想视域和"三个观念层级"思想的观念"先见"下，黄玉顺"讲"孔子、"注"《论语》格外推重孔子仁学所代表的"存在"的视域。

黄玉顺不仅本着"生活—存在"的思想视域和"三个观念层级"思想的观念"先见"去考察中国儒学史之流变，讨论当代儒学重建和复兴的问题，而且还将这种"先见"作为其《论语》诠释的一以贯之的立场。黄玉顺说："'生活儒学'以作为存在、先在于任何存在者的情感为本源，首先关注的乃是生活及其情感显现：仁爱情感。"④就"生活—存在"的观念在黄玉顺"生活儒学"中的某种"奠基性"的意义而言，黄玉顺的《论语》诠释也是有某种本体诠释的意蕴可言的。只是需要特别指出的是，这里所谓的"本体"并非指宋明理学家、现代新儒家所

---

① 《论语·述而》，杨伯峻译注：《论语译注》，北京：中华书局，1980年版。
② 《论语·颜渊》，杨伯峻译注：《论语译注》，北京：中华书局，1980年版。
③ 黄玉顺：《孔子仁学的现代意义何以可能？——依据生活儒学的阐明》《理论学刊》2007年第10期。
④ 黄玉顺：《情感、存在及正义问题——生活儒学及中国正义论的情感观念》，《社会科学》2014年第5期；黄玉顺："'儒学'与'仁学'及'生活儒学'问题——与李幼蒸先生商榷》，《四川大学学报》（哲学社会科学版）2008年第1期。

代表的儒学传统形而上学意义下的"本体"。恰恰相反,"生活—存在"的观念是前哲学、前形而上学的思考。也就是说,作为"后形而上学"时代的一种论说,黄玉顺"生活—存在"视域下的《论语》诠释的所谓"本体诠释"意蕴是在这样的意义下来说的:这种"生活—存在"的观念"先见"是黄玉顺的《论语》诠释的一以贯之的立场和方法,其《论语》诠释的主要特质正在于此,即通过对《论语》的诠释来"找寻"和"发明"作为孔子、作为儒学一切形上、形下观念奠基的本源情感的观念。

三、以生活情感释"仁"(直)——黄玉顺的《论语》诠释的本体诠释意蕴

"生活—存在"的思想视域,构成了黄玉顺解读孔子、诠释《论语》的观念前提。就《论语》文本与黄玉顺以"生活—存在"思想视域为核心的"生活儒学"观念之间的关系而言:一方面,黄玉顺通过对《论语》的诠释"发现"并"注解"其"生活—存在"的思想视域和本源情感的思想观念;另一方面,这种诠释也深化和开显了孔子儒学的精神,拓展了《论语》的意义空间。就"生活—存在"的思想视域作为黄玉顺"生活儒学"的奠基性意义,以及"生活—存在"思想视域与《论语》经典文本之间的互动对话关系而言,黄玉顺的《论语》诠释也自有本体诠释的意蕴可言。只是需要再次强调的是,此"本体"是指观念的奠基性意义而言,并非是指传统的形而上学的本体论观念。

具体说来,黄玉顺的《论语》本体诠释意蕴的突出表现,除了上面提及的以孔学为"仁学",并强调"仁"作为"生活—存在"的思想视域下的第一个观念层级的重要哲学意义,此外,还有比较有新意的一点就是以"生活—存在"的思想视域来诠释《论语》中孔子说的"直"的观念,进而解读了《论语》中的"证父攘羊""以直报怨""举直错诸枉"等话语和问题。对此,具体说明如下:

第一,以生活的"本源情感"释"仁",强调孔子仁学的重要意义乃在于进入了"生活—存在"的存在论的思想视域,从而使孔子儒学一切形而上学、形而下学的观念有了大本大源。对此,上面已经从黄玉顺《论语》诠释的具体实例上

予以了说明。这里还需强调的是，黄玉顺之所以认为孔子之学就是仁学，而不是我们常见的"礼学""仁礼之学""道德哲学""道德形而上学""伦理学"等，那是因为在黄玉顺"生活儒学"的观念框架下，"仁"是前形而上学、前哲学的第一个观念层级上的本源情感，这种本源情感是孔子儒学一切形而上学、形而下学（包括天、德、礼等）观念的大本大源。或者说，孔子儒学的一切形而上学、形而下学的观念都是由"仁"的本源情感奠基的。在这种"生活—存在"的观念前提下，孔子的儒学当然只是仁学，除此之外别无他学。正如黄玉顺所说的："孔子思想之所以称为'仁学'，就是因为他的一切言说都是出于仁爱的；而这种仁爱，就是本源性的生活情感。这种情感乃是生活本身的显现，而归属于存在本身。因此，在孔子仁学中，仁爱情感是先行于任何形而上学、形而下学的，是为所有形而上学、形而下学奠基的。"[①] 由此，在黄玉顺"生活—存在"的观念"先见"下，我们当然不难理解"孔学即是仁学"的基本观点。

同样，对于《论语》中"证父攘羊""以直报怨""举直错诸枉"等话语和问题，我们也可以在黄玉顺"生活—存在"思想视域下的生活本源情感的观念下得到一种新的解释，这就是其以本源情感解释孔子说的"直"的问题。

第二，以本源情感的观念释"直"，进而解读《论语》中"证父攘羊""以直报怨""举直错诸枉"等话语和问题，强调只有先明白"礼""法""刑"和"直"分属不同的观念层级，才能真正"解决"证父攘羊、父子相隐等聚讼千年的"思想难题"。《论语·子路》篇载：

> 叶公语孔子曰："吾党有直躬者，其父攘羊，而子证之。"孔子曰："吾党之直者异于是。父为子隐，子为父隐，直在其中矣。"[②]

对于"证父攘羊"与"直"的问题，黄玉顺认为，如果只是就事论事是不

---

① 黄玉顺：《孔子仁学的现代意义何以可能？——依据生活儒学的阐明》，《理论学刊》2007年第10期。
② 《论语·子路》，杨伯峻译注：《论语译注》，北京：中华书局，1980年版。

能解决问题的,而应该联系孔子整个的思想精神来理解。他提出,孔子说的"直"是属于本源情感层面的,从这个生活的本源情感出发当然要做到"父为子隐,子为父隐",而如果从"礼""法"的形而下的层面来讲,当然要"证父攘羊"才合理。在黄玉顺看来,长期以来,人们对这个问题的争论在于:"不论是形而上学的理解还是形而下学的理解,都把孔子思想理解为一种'存在者化'的观念;换句话说,人们完全不知道孔子思想中的更为本源的观念层级'生活—存在'的观念。事实上,'仁'与'直'首先是在'生活—存在'层级上的情感显现问题,而不是什么形而上学、形而下学的问题。"①对此,我们怎么来具体理解呢?黄玉顺指出,叶公的错误并不是断定此事合"礼"、合"法",而在于他认为此事为"直"。也就是说,叶公把形而下的事情混同于一种本源性的事情了。为此,孔子才接着他的话头来讨论"直"的问题。按照孔子的思想主张,在形而下的"礼""法"问题上,他同样会赞成"证父攘羊"的;因为只有"证之"才是合"礼"、合"法"的,而合"礼"、合"法"当然是孔子最为看重的②。那么,为什么孔子要谈"父子互隐"的问题呢?其实,孔子主张"父子互隐",这是在本源性情感的意义上来说。

同样,对于《论语》中孔子指责别人"不直"的问题,黄玉顺也如是解释。《论语·公冶长》篇孔子说:"孰谓微生高直?或乞醯焉,乞诸其邻而与之。"对此,黄玉顺指出,这个微生高之所以不"直",其实就是我们今天所说的"缺乏爱心"。其实,"直"作为本源情感、本真之爱的自然显现,是"诚"。这种本源情感之自然显现,从"生活—存在"的思想视域来看是"直"、是"诚",然从主体性存在者那种理智的眼光来看,往往是"愚"。这也是孔子所说的:"古之愚也直;今之愚也诈而已矣"③。正是基于这种认识,黄玉顺指出,这样我们

---

① 黄玉顺:《"刑"与"直":礼法与情感——孔子究竟如何看待"证父攘羊"?》《哲学动态》2007年第11期。
② 黄玉顺:《"刑"与"直":礼法与情感——孔子究竟如何看待"证父攘羊"?》《哲学动态》2007年第11期。
③ 《论语·阳货》,杨伯峻译注:《论语译注》,北京:中华书局,1980年版。

也才可以理解孔子说的"举直错诸枉则民服""以直报怨"的问题。

> 哀公问曰:"何为则民服?"孔子对曰:"举直错诸枉,则民服;举枉错诸直,则民不服。"①

黄玉顺认为,民之服与不服,不在于刑,甚至不在于礼,而在于"直"。所谓"直"就是那种本源的仁爱情感自然呈现的人,而不是那种动用理智去算计的人。这种"直"的人就是孔子说的"能好人,能恶人"的"仁者"。显然,只有这种"仁者"在位,才能使民服。那么,孔子又为什么主张要"以直报怨"呢?

> 或曰:"以德报怨,何如?"子曰:"何以报德?以直报怨,以德报德。"②

对此,黄玉顺提出,孔子说的"德"与"怨"不是一个观念层级上的事情,"德"是道德礼法层级的事情,属于形而下者,"怨"是生活情感层级的事情(例如《阳货》"诗可以怨"),属于形而上者。因此,"在道德层级上,应该'以德报德';然而在情感层级上,应该'以直报怨''以情报情',亦即报之以本真的爱。"③言至此,黄玉顺还进一步发挥指出:"'仁'之'直'是与生俱来的本真情感。"这也就是孔子说的:"人之生也,直;罔之生也,幸而免。"④黄玉顺还强调,对"直"的推崇乃是孔子"仁学"的题中必有之义⑤。

黄玉顺为何如此推重孔子说的"直"的命题呢?那是因为"直"与"仁"一样,都是生活的本源情感的自然体现,它属于"生活—存在"的思想视域,属于前哲学、前形而上学的第一个观念层级。以"生活—存在"的存在论视域下的本源情感的观念来解释《论语》中孔子说的"仁""直",强调"直""仁"的生

---

① 《论语·为政》,杨伯峻译注:《论语译注》,北京:中华书局,1980年版。
② 《论语·宪问》,杨伯峻译注:《论语译注》,北京:中华书局,1980年版。
③ 黄玉顺:《"刑"与"直":礼法与情感 —— 孔子究竟如何看待"证父攘羊"?》《哲学动态》2007年第11期。
④ 《论语·雍也》,杨伯峻译注:《论语译注》,北京:中华书局,1980年版。
⑤ 黄玉顺:《"刑"与"直":礼法与情感 —— 孔子究竟如何看待"证父攘羊"?》《哲学动态》2007年第11期。

活本源情感是孔子儒学一切形而上学、形而下学观念的大本大源。由此而言，黄玉顺以这种奠基性的本源情感、仁爱情感的观念为"先见"来解读孔子、诠释《论语》，构成了其《论语》诠释的本体诠释意蕴的重要体现。

综上所言，黄玉顺在"复归生活，重建儒学"的时代"先见"，以及"生活—存在"的思想视域下的"三个观念层级"的思想"先见"下对《论语》的诠释，很好地体现了其《论语》诠释的"六经注我"的哲学化诠释的特点。不仅如此，在"生活—存在"思想视域下的本源情感、仁爱情感的奠基性观念下对《论语》的诠释也使黄玉顺的《论语》诠释具有了某种本体诠释的重要意蕴。就黄玉顺《论语》诠释的"六经注我"的哲学化诠释特点而言，它对当代儒学尤其是当代新经学的重建和发展，具有极其重要的学术意义。

结　语

　　以上我们以魏晋玄学、宋明理学、现代新儒学、当代儒学视域下的《论语》诠释为例，以王弼、郭象、朱熹、王阳明、梁漱溟、牟宗三、李泽厚、黄玉顺等儒家学人的《论语》诠释为代表，简要说明了《论语》哲学诠释的精神特质和历史发展的问题。正如我们一再强调的，《论语》的哲学诠释并不注重对《论语》中的字词话语进行注疏式的理解，也并不完全以对《论语》中孔子思想本真精神的探源为限，而是侧重于在《论语》诠释中注入诠释者自身的时代感受和问题意识，以《论语》中的思想话语来回应诠释者的时代关切，从而实现儒家哲学观念和义理精神的发展和创新，进而拓展和深化《论语》文本的意义空间。可惜的是，这种对《论语》的哲学化诠释，如果在面向历史、文本的定向和要求，以及"文献的、历史的、客观性的标准"下来看，所谓对《论语》文本意义空间的拓展和深化，所谓实现儒家义理的创新、儒学范式的转换，往往也可能只是对《论语》中的思想话语的"曲解"和"比附"。由此来看，我们就不免会有这样的困惑，经典诠释到底是该面向经典文本还是面向当下现实？经典诠释中经学诠释（狭义）与哲学诠释的关系怎样？我们又该如何看待王弼、朱熹、梁漱溟、李泽厚等在实现儒学义理创新的同时却又分明是在曲解经典这一诠释现象？

　　比如，朱熹一面力主"读书，第一莫要先立个意去看他底"[①]，反对"先立个意"来解经，而另一面却又在自觉不自觉中强以"己意"来曲解经典。于是，我们不禁就要继续追问这样的一些基本问题：今天来谈经学重建与儒学创新是该采取朱熹等人所倾向的那种"创造性"诠释经典的哲学诠释（"义解"）方式，发明义理，

[①] 《朱子语类》，北京：中华书局，1986年版。

多所创新呢，还是要严守汉儒那种经学诠释（"训解"）的方式，尊重经典原义，避免曲解附会呢？一言以蔽之，当代经典诠释到底该如何面对经典诠释过程中确实存在的"挣扎游走于两种定向之间"的纠结，从而真正回应这个诠释难题呢？

事实上，时至今日，传统的经学形式虽已成为历史，但今天的儒学创新与发展仍不可能完全脱离经典诠释的方式。因此，我们在思考儒学理论创新、儒学的现代重构与转型的时代课题时，仍大有必要"破解"经学发展的这种"纠结"，我们是要思想义理创新（这很大程度上同时意味着歪曲经典和圣人本意），还是要严明训诂考据（这又可能会以经典文本为限而不能"复活"儒学）？到底如何才能"克服"这种"挣扎游走于两种定向之间"的艰难？对此，通过对魏晋玄学、宋明理学、现代新儒学、当代儒学思潮下的《论语》哲学诠释那种偏重当下现实定向的经典诠释方式之得失的辩证审视，我们提出，当代经典诠释要摆脱或偏于历史文本、或偏于哲理创新的疏失，关键在于实现两种定向、三种路径（文史哲）的兼顾。但同时我们也强调，当代儒学重建主要是对儒家义理精神进行时代性的"创造性转化和创新性发展"的过程，在这一过程中"面向当下现实"定向的哲学诠释尤显必要而迫切。

首先，当代经典诠释要尽量做到两种定向和三种路径（文史哲）的兼顾。经典诠释到底是该坚持面向历史文本的定向还是面向当下现实的定向呢？景海峰指出："因现代知识体系的学科分际而造成的史、哲之别，深深濡染了当代的儒学识辨与言说，使儒家的本来面貌在强烈的古今之辩意识的现代阐释之下，更多增添了难以圆合的裂痕。'史学的偏见'与'良知的傲慢'之争讼与对垒不见消弭，反愈加剧。于此，若不能有更深刻的说明和消解紧张的有效途径，势必将造成儒学进入现代性语境的极大障碍。"[①] 要深刻地说明和消解"史学的偏见"和"良知的傲慢"之间的紧张，归根结底还是需要定位好经典诠释中面向历史文本的定向与面向当下现实的定向之间的关系的问题。

---

① 景海峰：《清末经学的解体和儒学形态的现代转换》，《孔子研究》2000年第3期。

结 语

经典诠释该面向历史文本，还是该面向当下现实？其实，恐怕这不是非此即彼的选择，重释经典，创新儒学应该是"训解""义解"并重，力图做到两种定向、三种路径同时兼顾。事实上，当代经典诠释自然也摆脱不了"挣扎游走于两种定向之间"的纠结，但我们今天所谓正视"朱熹难题"并不是要将两种定向截然对立起来，在哲理创新和训诂考据之间非要做出一个非此即彼的选择，事实上，经典诠释始终是需要同时照顾到面向历史文本和面向当下现实两种定向的。"训诂明而后义理明"，经典诠释先要面向经典文本，明其本旨要义，而后乃可以谈面向当下现实，实现新的思想创造。

具体而言，经典诠释当先重"训解"，照顾面向历史文本的定向；即现代人应该先明白产生于具体历史情境中的经典，其本义如何？为什么要那样说？那样说的历史语境是什么？也就是要先由一种历史的眼光，明白经典话语之本义，理解儒学传统的思想精神为何，由此，我们才可以来思考儒学这样一种价值体系是否还适合现代社会？要使其继续存活于现代社会又需要进行怎样的诠释与改造？到此，我们方可倾向"义解"的方式，照顾面向当下、现实的定向。

就今天来说，传统经学的以经解经的诠释方式已然成为历史，代之而起的是学科分治式的诠释模式，这具体又分为文学式、史学式、哲学式三种不同的路径。大致说来，文、史式的诠释方式更多地体现了面向历史、文本的定向，而哲学式的诠释方式则与面向当下、现实的定向对应。所谓两种定向的兼顾就要求现代诠释当由经学视野转换为文学、史学、哲学逻辑递进式的视野，将文学式的诠释、史学式的诠释、哲学式的诠释作为逻辑递进关系，就有了各个诠释视野的层位性。"文学式的诠释作为第一层面，也是最基础的层面，是后两个层面的基础。只有将这个层面的基础打好，才有资格进入第二层面——史学层面。由文学式的诠释进入史学式的诠释是一种自然的晋级，史学层面是文学层面的进一步展开。当史学层面的诠释达到高深造诣后，就要进入哲学性诠释。哲学层面的诠释是对文学层面、史学层面诠释的超越，是在前两个层面基础上继续进行的理论创新、时代升华。"①

总之，当代儒学重建要"返本"而"开新"，回归源头，接续先秦孔孟荀原始儒学的精神，重掘传统经典深蕴的原创智慧。据此而言，当代儒学重建和创新自然离不开对《论语》《孟子》《荀子》等先秦儒家原典的创造性诠释。在经典诠释的过程中当代学人要力图做到"两种定向""三种路径"（文史哲）的统合兼顾。虽然这种努力和要求很难，然虽不能至，亦该心向往之。今之学者在诠释儒家经典的过程中断不可在将"两种定向"对立起来，或是在"三种路径"中只取某一种单一的路径。文史领域的儒家学者不该只照顾到面向历史文本的定向，完全以文献的整理校刊、儒学的历史还原为能事，而动辄就批哲学领域的儒家学者"多有硬伤""根基浅薄"；同理，哲学领域的儒家学者也不该只照顾到面向当下现实的定向，完全以所谓体大精思、哲理深厚来炫其功，而轻易就批文史领域的儒家学者"卑之无甚高论"。

其次，当代经典诠释做到两种定向、三种路径兼顾的同时，我们也要注意到，当代儒学发展已经进入了重建和创新的时代，在推动儒学实现创造性转化和创新性发展的过程中，儒家经典诠释中的那种"面向当下现实"定向的哲学诠释显得十分必要而迫切②。尽管我们不能无视和接受王弼、郭象、朱熹、王阳明、梁漱溟、牟宗三、李泽厚、黄玉顺等在哲学性的诠释过程中对儒家经典的曲解与比附，但同时也必须要承认那种做法对哲理创新和思想创造而言无疑是必要而高明的。我们今天对朱熹等人的经典诠释学研究的目的不是找出其曲解比附经典的证据，恰恰相反，而是要充分认识其"六经注我"的理学化诠释在儒学诠释史上的开创性贡献。正如有论者指出的："朱熹在整个经学阐释史上的地位是空前绝后的，他对儒学新经典文本的确立、他关于阐释的本体论和方法论的精深见解、他的《四书章句集注》所树立的经典阐释范本以及所发挥的'义理'，都成了后世不可逾

---

① 徐庆文：《从注释性经学到观念性哲学——20世纪〈论语〉诠释特点及其走向》，《齐鲁学刊》2015年第1期。
② 需要特别说明的是，我们绝不承认有完全超乎经学诠释（广义的）之上的所谓哲学诠释，而与哲学诠释所区分的经学诠释是在狭义的意义上来说的。

越的高峰。"① 可见，我们万不能因为朱熹等人的哲学化诠释存在着歪曲经典的疏失就全然不察其引发经学诠释史根本变革的突破性意义。或如刘笑敢先生在评价朱熹经典诠释的思想和方法时所指出的："从现代学术研究的严肃性或科学性来说，朱熹将论语的思想与孟子、汉儒以及程子的思想混为一体，是完全不能接受的混淆。但是，从思想创造的过程来说，朱熹的做法却是必要的、高明的，不如此则不能在继承的旗帜下有所发展和创造。两种立场各有自己的历史的或理论的根据，我们不应扬此抑彼，但是也不应彼此不分。彼此不分会造成盲目的混淆或无的放矢的攻讦。"②

对于两种定向、两种诠释方式，不应扬此抑彼，但也不能彼此不分。要真正实现两种定向、两种诠释方式的统合兼顾，首先正需要对此二者的区分有明确的认识和充分的自觉。就经典诠释过程中诠释者偏于面向历史、文本定向而使诠释表现出的经学诠释（狭义）特质，以及诠释者偏于面向当下、现实定向而使诠释表现出的哲学诠释的特质而言，它们"一种是围绕着文本的注疏式理解，意义的生成和扩展也是在字斟句酌的解释之中完成的；另一种即观念的演绎，文本只是作为材料被不断地选取并加以阐发。前一种方式较为符合古典知识相对封闭的传承要求，而后者则充满了现代性发散与扩张的色彩，由此形成了不同文明传统之间的自由穿梭态势和观念的交织与叠加。"③ 就此而言，经学诠释和哲学诠释显然各有优劣短长，一部好的诠释作品应该是二者的完美统一。因此，只有对经典诠释中面向历史文本、面向当下现实的两个定向以及经学诠释和哲学诠释两种经典诠释方式之"分"与"合"的关系有自觉的认识，动态辩证地将二者统合兼顾起来，或许才能真正有益于当代儒学的重建和创新。

当然，也需要指出的是，当代儒学发展已经进入了儒学重构和儒学创新的时

---

① 李凯：《"六经注我"：宋代理学的阐释学——兼谈朱熹在经学阐释上的贡献》《中国哲学史》2006年第3期。
② 刘笑敢：《从注释到创构：两种定向 两个标准——以朱熹〈论语集注〉为例》《南京大学学报》（哲学·人文科学·社会科学）2007年第2期。
③ 景海峰：《经学与哲学：儒学诠释的两种形态》《哲学动态》2014年第4期。

[20]（宋）朱熹撰．四书章句集注[M]．北京：中华书局，1983．

[21]（清）黄宗羲著．宋元学案[M]．上海：商务印书馆，1993．

[22]（宋）陆九渊著，钟哲点校．陆九渊集[M]．北京：中华书局，1980．

[23]（清）黄宗羲著，沈芝盈点校．明儒学案[M]．北京：中华书局，1985．

[24]（明）王守仁著，吴光、钱明、董平、姚延福编校．王阳明全集[M]．上海：上海古籍出版社，1992．

[25] 唐明贵．论语学史[M]．北京：中国社会科学出版社，2009．

[26] 唐明贵．《论语》学的形成、发展与中衰[M]．北京：中国社会科学出版社，2005．

[27] 闫春新．魏晋南北朝"论语学"研究[M]．北京：中国社会科学出版社，2012．

[28] 刘笑敢．诠释与定向——中国哲学研究方法之探究[M]．北京：商务印书馆，2009．

[29] 周元侠．朱熹的《论语集注》研究——兼论《论语集注》的解释学意义[M]．北京：中国社会科学出版社，2012．

[30] 黄玉顺．爱与思——生活儒学的观念[M]．成都：四川大学出版社，2006．

[31] 高晨阳．儒道会通与正始玄学[M]．济南：齐鲁书社，2000．

[32] 任继愈．中国哲学发展史（魏晋南北朝卷）[M]．北京：人民出版书，1988．

[33] 梁启超．论中国学术思想变迁之大势[M]．上海：上海古籍出版社，2001．

[34] 汤用彤．魏晋玄学论稿[M]．北京：人民出版社，1957．

[35] 苏东天．易老子与王弼注辨义[M]．北京：文化艺术出版社，1996．

[36] 王晓毅．王弼评传[M]．南京：南京大学出版社，1996．

[37] 余敦康．何晏王弼玄学新探[M]．济南：齐鲁书社，1991．

[38] 林丽真．王弼老、易、论语三注分析[M]．台北：东大图书公司，1988．

[39] 余敦康．魏晋玄学史[M]．北京：北京大学出版社，2004．

[40] 郑治文．文明对话与中国文化——以"文明对话与儒学三期发展"为中心的考察 [M]．济南：山东人民出版社，2016．

[41] 王晓毅．郭象评传 [M]．南京：南京大学出版社，2011．

[42] 汤一介．郭象与魏晋玄学（增订本）[M]．北京：北京大学出版社，2000．

[43] 朱汉民，肖永明．宋代《四书学》与理学 [M]．北京：中华书局，2009．

[44] 向世陵．理气性心之间——宋明理学的分系与四系 [M]．北京：人民出版社，2008．

[45] 梁启超．中国近三百年学术史 [M]．北京：东方出版社，1996．

[46] 黑格尔．哲学史讲演录（第一卷）[M]．北京：商务印书馆，1996．

[47] 陈寅恪．冯友兰中国哲学史下册审查报告，金明馆丛稿二编 [M]．北京：生活·读书·新知三联书店，2001．

[48] 傅永聚，任怀国．儒家政治理论及其现代价值 [M]．北京：中华书局，2011．

[49] （宋）胡宏著，吴仁华校．胡宏集 [M]．北京：中华书局，1987．

[50] 钱穆．孔子与论语 [M]．台北：联经出版事业有限公司，1991．

[51] 蔡方鹿．中国经学与宋明理学研究 [M]．北京：人民出版社，2011．

[52] 钱穆．朱子新学案 [M]．成都：巴蜀书社，1986．

[53] 钱穆．朱子学提纲 [M]．北京：生活·读书·新知三联书店，2002．

[54] 刘述先．理一分殊 [M]．上海：上海文艺出版社，2000．

[55] 陈荣捷．王阳明传习录详注集评 [M]．台北：台湾学生书局，1988．

[56] 杨国荣．王学通论 [M]．上海：三联书店，1989．

[57] 陈来．有无之境——王阳明哲学的精神 [M]．北京：人民出版社，1991．

[58] 陈来．宋明理学 [M]．上海：华东师范大学出版社，2003．

[59] 梁启超．中国近三百年学术史 [M]．天津：天津古籍出版社，2004．

[60] 张立文．宋明理学研究 [M]．北京：人民出版社，2002．

[61] 冯友兰．中国哲学史 [M]．北京：商务印书馆，2006．

文社会科学版），2013(5).

[94] 康宇.论魏晋〈论语〉学的言说范式[J].人文杂志，2011(4).

[95] 李兰芬.玄远之幕的飘落——王弼《论语释疑》的命运[J].孔子研究，2004(3).

[96] 毕景媛."举本统末"与儒道"和解"[N].光明日报，2017-03-11（11）.

[97] 余敦康.郭象的时代与玄学的主题[J].孔子研究，1988(3).

[98] 张立文.郭象的独化自生哲学[J].黑龙江社会科学，2012(3).

[99] 李佳.从"独化论"到"名教即自然"——郭象玄学体系的逻辑演化[J].南京林业大学学报（人文社会科学版），2007(3).

[100] 余敦康.郭象的时代与玄学的主题[J].孔子研究，1988(3).

[101] 王云飞.郭象〈论语体略〉研究[J].广西社会科学，2013(4).

[102] 王晓毅.郭象"性"本体论初探[J].哲学研究，2001(9).

[103] 李昌舒.自然与自由——论郭象哲学之"性"[J].中国哲学史，2005(3).

[104] 王丽梅.论佛学在宋明理学形成与发展中的作用与地位[J].青海社会科学，2006(5).

[105] 程志华."中断性"语境下的儒学发展"三期说"[J].学习论坛，2006(10).

[106] 宋志明.论宋明理学的成因和变迁[J].吉林大学社会科学学报，2009(6).

[107] 傅永聚，郑治文.形中"生活儒学"与儒学的重构[J].文史哲，2014(3).

[108] 张学智.宋明理学中的"终极关怀"问题[J].中国社会科学，2016(9).

[109] 丁为祥.宋明理学形上本体意识的形成及其意义[J].陕西师范大学学报（哲学社会科学版），2014(3).

[200] 唐明贵.朱熹〈论语〉诠释研究[J].海岱学刊，2014(1).

[201] 郑治文.孔子之"道"与儒学重构——从朱熹、牟宗三的道统论说开去[J].湖南大学学报（社会科学版），2014(6).

[202] 蔡方鹿.朱熹经典诠释学之我见[J].文史哲，2003(2).

[203] 孙宝山.王阳明的〈论语〉诠释[J].孔子研究，2014(1).

[204] 刘宗贤. 从朱熹到王阳明:"性理"与"心性"的理论转换[J]. 东方论坛, 2001(1).

[205] 何静. 扬弃朱熹理学的阳明心学[J]. 齐鲁学刊, 2012(3).

[206] 朱晓鹏. 从朱熹到王阳明——宋明儒学本体论的转向及其基本路径[J]. 哲学研究, 2015(2).

[207] 王玉彬. 阳明心学视域下的《论语》诠释——以朱熹《论语集注》为参照[J]. 海岱学刊, 2015(1).

[208] 陈启云. 钱穆的儒学观念与中国文化[J]. 中国文化研究, 2007(3).

[209] 钱穆. 漫谈《论语新解》[J]. 孔子研究, 1986(3).

[210] 何晓明. 论钱穆学术研究的内在理路[J]. 江海学刊, 2013(2).

[211] 朱人求. 钱穆文化哲学探微[J]. 福建师范大学学报(哲学社会科学版), 2008(4).

[212] 方克立. 现代新儒学的发展历程(上)[J]. 南开学报(哲社版), 1990(4).

[213] 宋薇. 钱穆"心"论探析[J]. 河北学刊, 2012(4).

[214] 李承福, 周德丰. 论钱穆哲学的心性论维度[J]. 武汉理工大学学报(社会科学版), 2016(6).

[215] 周良发, 潘红. 从文化观差异看梁漱溟对胡适的孔子观的批判[J]. 南华大学学报(社会科学版), 2016(6).

[216] 陈旭麓. 近代中国社会的新陈代谢[A]. 熊月之, 周武编. 陈旭麓文集第一卷[C]. 上海:华东师范大学出版社, 1996.

[217] 朱承. 儒学传统与时代精神——兼论儒学与新文化运动的和解[J]. 船山学刊, 2015(6).

[218] 李翔海. 论现代儒学的基本理论特质[J]. 国际儒学研究(第二十辑)

[219] 杨国荣. 在中西哲学的融合中重建儒学——梁漱溟新儒学思想探析[J]. 学术界, 1989(3).

[220] 李善峰. 传统儒学现代化的一次努力——以梁漱溟的理论和实践为个案的

研究[J]. 孔子研究, 2004(5).

[221] 刘子阳, 朱寰. 以生命之学达宗教之用——梁漱溟儒学思想简析[J]. 聊城大学学报(社会科学版), 2006(1).

[222] 何中华. 从梁漱溟思想看儒家精神特质——兼论马克思主义与儒学之会通[J]. 山东社会科学, 2015(11).

[223] 颜炳罡. 仁·直觉·生活态度——梁漱溟对孔子哲学的创造性诠释[J]. 东岳论丛, 2004(5).

[224] 孙福万.《论语今读》与中国人的主体性问题[J]. 江苏广播电视大学学报, 2002(5).

[225] 李健胜. 李泽厚对《论语》的文本定位与思想阐释——以《论语今读》为中心[J]. 西北师大学报(社会科学版), 2011(6).

[226] 杨虎. 别具一格的"非人的生活"——评生活儒学对"生活"与"人的生活"的区分[A]. 杨永明, 崔罡主编. 当代儒学(第四辑)[C]. 桂林:广西师范大学出版社, 2013.

[227] 黄玉顺. 儒学当代复兴的思想视域问题——"儒学三期"新论[J]. 周易研究, 2008(1).

[228] 孙铁骑, 黄玉顺. 儒学史应当如何重写[J]. 甘肃社会科学, 2015(1).

[229] 黄玉顺. 孔子仁学的现代意义何以可能?——依据生活儒学的阐明[J]. 理论学刊, 2007(10).

[230] 黄玉顺. 当代儒学"生活论转向"的先声——梁漱溟的"生活"观念[J]. 河北师范大学学报(哲学社会科学版), 2008(4).

[231] 黄玉顺. 儒学复兴的两条路线及其超越[J]. 西南民族大学学报, 2009(1).

[232] 黄玉顺. 论"仁"与"爱"——儒学与情感现象学比较研究[J]. 东岳论丛, 2007(6).

[233] 黄玉顺. 情感、存在及正义问题——生活儒学及中国正义论的情感观念[J]. 社会科学, 2014(5).

[234] 黄玉顺."儒学"与"仁学"及"生活儒学"问题——与李幼蒸先生商榷[J]. 四川大学学报（哲学社会科学版），2008(1).

[235] 黄玉顺."刑"与"直"：礼法与情感——孔子究竟如何看待"证父攘羊"？[J]. 哲学动态，2007(11).

[236] 徐庆文. 从注释性经学到观念性哲学——20世纪《论语》诠释特点及其走向[J]. 齐鲁学刊，2015(1).

[237] 李凯."六经注我"：宋代理学的阐释学——兼谈朱熹在经学阐释上的贡献[J]. 中国哲学史，2006(3).

[238] 郑治文，傅永聚. 明代"生活儒学"从阳明学向泰州学的展开[J]. 中国哲学史，2016（1）.

[239] 景海峰. 清末经学的解体和儒学形态的现代转换[J]. 孔子研究，2000(3).

[240] 宋钢. 六朝论语学研究[D]. 南京：南京师范大学，2005.

[241] 李雪姣. 王弼《论语释疑》研究[D]. 南京：南京师范大学，2014.

[242] 玉璟. 汉晋诠释方法演进中的理性深化——以王弼《老子注》的考察为中心[D]. 南京：南京大学，2016.

[243] 陆野. 朱熹《论语集注》之训诂成就[D]. 沈阳：辽宁师范大学，2012.

[244] 徐明. 朱熹《论语集注》研究[D]. 扬州：扬州大学，2011.

[245] 尉利工. 朱子经典诠释思想研究[D]. 上海：华东师范大学，2007.

[246] 李春强. 明代《论语》诠释研究[D]. 扬州：扬州大学，2014.

[247] 牛冠恒. 王阳明《论语》诠释研究[D]. 北京：中共中央党校，2015.

[248] 吴伯曜. 王阳明四书学研究[D]. 高雄：高雄师范大学，2007.

[249] 高丽. 王阳明经典诠释方法研究[D]. 开封：河南大学，2015.

[250] 刘斌. 民国《论语》学研究[D]. 济南：山东大学，2008.

[251] 杨华东. 钱穆《论语新解》研究[D]. 成都：西南民族大学，2012.

[252] 李承福. 儒学本位，据旧开新——钱穆文化观研究[D]. 天津：南开大学，2014.

[253] 宋红宝. 新时期国人经典观念的转变与释读方法的多元化——以《论语》释读为例 [D]. 曲阜：曲阜师范大学，2010.

[254] 李健胜.《论语》与现代中国 [D]. 西安：陕西师范大学，2012.

[255] 陈祥龙. 作圣之基——《论语》教本研究 [D]. 上海：华东师范大学，2014.

[256] 牟方磊. 李泽厚"情本体"论研究 [D]. 长沙：湖南师范大学，2013.

[257] 王耕. 李泽厚历史本体论研究 [D]. 保定：河北大学，2015.

[258] 郑治文. 生活儒学——"后新儒学"时代儒学重建的路径抉择 [D]. 曲阜：曲阜师范大学，2016.

[259] 沈小燕.《论语》古今解读的差异论略 [D]. 福州：福建师范大学，2010.